面白いほどよくわかる！
「男」がわかる心理学

性心理學

男人其實跟女人想的不一樣

心理學家教你從行為、習慣與性格讀懂男性的真實想法！

日本知名心理學家
齊藤勇——監修

葉廷昭——譯

前言

相信在各位女性朋友眼中，男性常有一些不可理喻的行為，偏偏男性在很多事情的反應上又極為單純，而且一點都不懂女人心。

男女雙方的思維和價值觀截然不同，兩者之間似乎有著難以跨越的代溝，彼此有無法互相理解的部分也屬正常。不過既然無法理解，也就容易產生誤會。可是，不管對哪一方來說，異性都是不可或缺的存在。

心理學是解除誤會的有效利器，了解「男性」的心態和特性，有助雙方建立起良好的關係。

男性思想單純，自尊心又高，想必很多女性都想知道。但男性的心理到底是怎麼一回事？反過來說，男性也能從心理學的角度，重新認識自己的行為和心態，這不也是一件有趣的事情嗎？

本書會用淺顯易懂的方式，解說男性的心理特性以及男性在職場、情場、家庭中的心理狀態。男性的腦部運作和心理變化與女性並不相同，從外觀到動作都有不一樣的涵義，或許各位可以找到一些新的體悟。

看完這本書，各位會發現男性並不是無法理解的外星人，而是一種有趣又好理解的生物。

男性與女性的關係，可謂剪不斷理還亂。但正因為彼此不同，才更顯得有趣，希望這本書能幫助各位更加了解男性的心理。

齊藤 勇

目　錄

第2章 職場表現大不同

63～98

COLUMN

第3章 男性的戀愛心理

第4章

男性的家庭關係

143～174

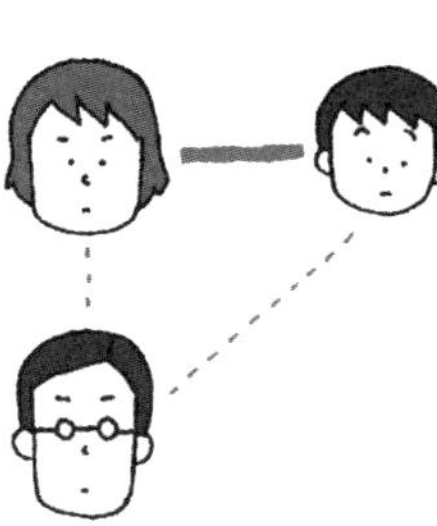

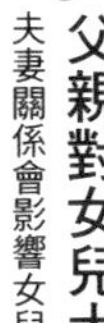

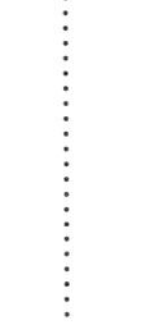

第5章 從外觀和動作看出男性的心理

3 從體型和髮型分析性格

4 從隨身物品分析心態

5 從時尚品味分析性格

6 從口頭禪分析心態

7 絕不能對男性說的話

8 從睡姿分析性格

COLUMN

分析男性類型的心理測驗

第6章 從興趣和喜好分析男性

209～249

心理學是一門解讀人心、看透人性的學問

心理學這門學問，主要是觀察對方的言行，判斷對方有哪些想法和感受。當中有許多不同的專業和各種領域，在商場、情場、日常生活中都派得上用場。

心理學主要分為兩大類

基礎心理學……從人類的言行探討共通的法則，研究方法以實驗為主，統計實驗的數據，根據結果解讀人心。

應用心理學……把基礎心理學研究出來的法則和知識，拿來解決實際的問題，是聚焦於個人的心理學。

認知心理學

研究人類如何認知事物，分析認知的機制，從資訊處理的觀點來分析認知活動。

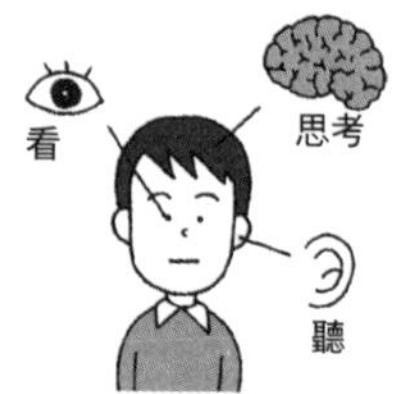

其他

●學習心理學●人格心理學●知覺心理學●神經心理學●生態心理學●數理心理學等等。

異常心理學

分析異常行為和病態心理的領域，某些情況下會用夢境解析或催眠解讀人心。

發展心理學

研究老化對身心帶來的影響，有分嬰幼兒心理學、兒童心理學、青年心理學、老年心理學。

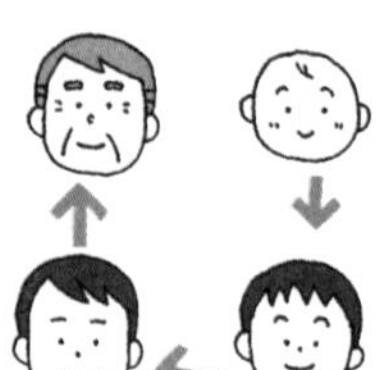

社會心理學

研究社會狀況和環境如何影響個人心理。

生理心理學

分析流汗、心跳加速等生理反應和人類的心理有何關聯。

應用心理學

犯罪心理學

分析罪犯的特性和環境因素，協助搜查或預防犯罪，罪犯側寫便屬此類。

▸▸P38、58

觀光心理學

分析大眾旅行的動機以及旅客在觀光勝地的行為和觀光模式。

▸▸P236

其他

●經濟心理學●健康心理學●藝術心理學●運動心理學●宗教心理學●教育心理學●學校心理學●法庭心理學●交通心理學●政治心理學●民族心理學●歷史心理學●軍事心理學等等。

產業心理學

分析與商業活動有關的心理現象，例如勞動、行銷、消費者行為等。

▸▸P94～98

臨床心理學

透過心理分析和心理諮商，治療有心理問題的病患。

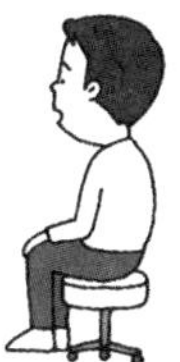

環境心理學

除了研究自然環境這一類的物理環境，也研究與人有關的環境，例如職場環境。

戀愛心理學

從印象形成和人際知覺的觀點，分析好感產生的心理機制。

▸▸第3章（P99～142）

災害心理學

分析大眾遇到地震、火災、交通事故時的心理狀態，以及受災時會有哪些行動和心理上的壓力。

家庭心理學

研究親子、兄弟、夫妻這一類家族關係的心理學，主要聚焦在家庭引起的問題。

▸▸第4章（P143～174）

從表情、外觀、動作分析對方心態

人的表情和動作，會在無意間透露內心的想法。另外，個人服飾和愛用的物品，也會反映出當事人的心理狀態。仔細觀察對方，可以找出解讀對方心理的線索。

臉型、髮型、體型

光看一個人的臉型、體型，就能看出特定的心理類型。

表情

從眼睛、眉毛、嘴巴等表情變化，可以看出對方的感情和心理狀態。

口頭禪

口頭禪是賦予一個人特定印象的要素，也會反映出當事人的心理狀態。

總之呢～

個人物品

觀察使用的物品偏好，也能剖析其心理狀態，隨意帶在身上的物品，也有特殊的意義。

動作

肢體動作也會呈現內心的狀態，從一個人的動作就可以看出情緒。

服裝品味

從一個人的服裝品味，可以看出對方希望在別人眼中留下怎樣的形象，這當中隱含著深層的心理作用。

第1章

男性的20種行動和感情模式！

難以一心二用

擁有高度專注力是男性的優勢

男女腦部大不同

如果你在男性看電視的時候上前攀談，他們可能會敷衍了事或是根本沒聽懂你說什麼，相信不少朋友都有這種火大的經驗吧！相對地，女性可以邊看電視邊煮菜或是在聊天的過程中回覆簡訊。一般來說，女性比男性擁有更高的「多工作業」能力，能夠一心多用。

這跟腦部的**「胼胝體」**和**「前連合」**大有關聯，大腦是分成左右兩半的，胼胝體和前連合是連接左右腦的神經纖維束，類似訊息傳遞的「橋梁」。男性的這個部位比女性小百分之三十左右，用道路來比喻各位就明白了，**男性的胼胝體是單線道，女性的是多線道**；男性的道路一次只能開一台訊息傳遞車，**比較不擅長一心多用**。反之，女性的道路一次能開兩台訊息傳遞車，一次處理多樣訊息也不在話下。

男性開車迷路的時候，會關掉收音機來集中注意力，講電話時也會調低電視音量。這些常見的舉動在女性看來，可能顯得做事不得要領。不過，究竟哪一種比較好也無法一概而論。男性的單線胼胝體不會吸收多餘訊息，很擅長集中處理一件事情。因此，很多專家、匠人、狂熱的興趣愛好者，都是男性。

＊**勒內・笛卡兒**　生於1596年，卒於1650年，活躍於17世紀的法國哲學家、數學家、自然現象研究者，號稱「近代哲學之父」。

腦部運作和心靈有深切的關聯

活躍於十七世紀的法國哲學家*笛卡兒，曾經提出**身心二元論**，意思是腦部和心理是互不影響的。可是，現在**身心一元論**才是定見，心理反應源自於腦部的運作。再者，**核磁共振**（MRI）等影像診斷科技越來越發達，男女腦部的構造差異也被研究出來了。換句話說，男女間的心理作用不同，多半和腦部的構造差異有關。

男女大不同 腦部的構造

腦部和心理有很深的關聯，由於男女的腦部構造不同，因此有不一樣的感情和行為。

胼胝體、前連合

胼胝體和前連合是神經纖維束，算是連接左右腦的橋樑。

胼胝體　前連合

男 較細、較小

胼胝體 筒狀、較細　前連合 較小

↓

左右腦的資訊交換較不活潑。

女 較粗、較大

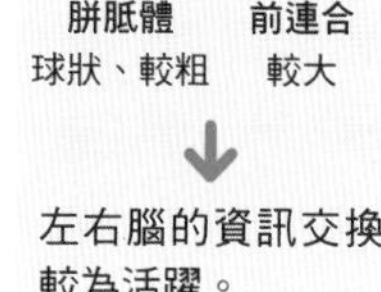

胼胝體 球狀、較粗　前連合 較大

↓

左右腦的資訊交換較為活躍。

腦部的大小

男女的腦部大小，從兩歲開始有明顯的差異，男女左右腦的大小並不相同。

男 右腦有比較大的傾向

女 左右腦差不多大

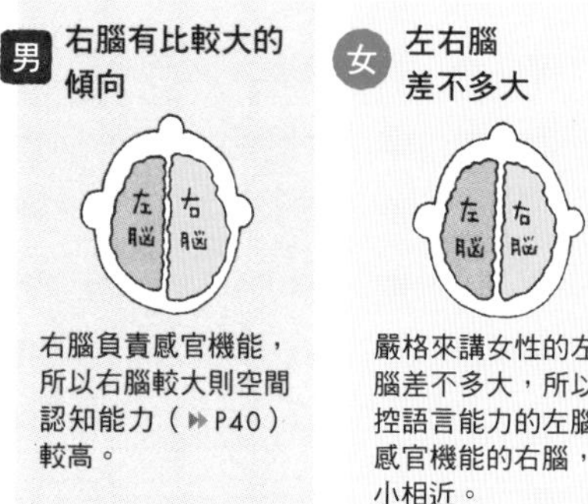

右腦負責感官機能，所以右腦較大則空間認知能力（⏩P40）較高。

嚴格來講女性的左右腦差不多大，所以掌控語言能力的左腦和感官機能的右腦，大小相近。

↓

男性屬於集中型，空間認知能力較高。
女性屬於一心多用型，擅長均衡使用左右腦。

2

連小事都要爭輸贏

男性天生的鬥爭本能

鬥嘴當遊戲

各位有沒有發現，男性在對話時經常鬥嘴？就連聊個拉麵都要爭高低，好比有人說車站前的拉麵店好吃，另一個人就非得說別家的比較美味……。

女性朋友可能不太理解，為什麼男性連這點小事都要爭？其實，**男性習慣在對話中比較彼此擁有的訊息**。贏的一方能品嘗到勝利感，輸的一方雖然心有不甘，卻也得到了更加優異的訊息。那麼，為何男性連小事情都要分高下呢？

競爭心是男性賀爾蒙作祟

男性的鬥爭心和攻擊性，跟男性賀爾蒙有很大的關係。胎兒在兩個月大的時候，身體和腦部還沒有性別上的差異，每個胎兒都是朝女性的方向成長。直到胎兒在母體內吸收男性賀爾蒙**「*睪固酮」**，才開始有性別的差異。之後，胎兒的腦部也會吸收到睪固酮，形成男性特有的腦部構造。男性吸收了男性賀爾蒙以後，會強化男性的機能，具備**攻擊性和競爭心**，連小事都要分個高下。

＊**睪固酮**　構成男性賀爾蒙的主要物質，是一種能增加「男子氣慨」的賀爾蒙物質，除了讓體格更加壯碩，還有生成皮脂，增加體毛濃密度以及提升性欲的作用。

男性愛競爭，女性愛合作

其實從小就看得出來，男女的競爭心有差異。

比方說，大人給小孩子玩積木，男生會喜歡蓋出最大、最高的房子，這種想要爭第一的競爭心，就是男性腦部的本能。

相對地，女生習慣互相合作，用積木做出自己喜歡的家，並且在家中擺放人偶或動物，聊一聊這個家過著什麼樣的生活，享受閒聊和幻想的樂趣。

男女大不同
建立人際關係的方式

男性的世界有明確的上下關係，女性則習慣建立友好關係，兩種世界可謂截然不同，這也關係到男女腦部構造上的差異。

男性

男性腦　男性在胎兒時期，吸收了會產生攻擊性和鬥爭心的賀爾蒙，所以有熱衷鬥爭的傾向。

會先觀察新人的「行動」再做判斷

面對陌生的對象，會先觀察對方的言行舉止，有一定程度的了解後才會上前攀談。

習慣選出領袖

男性有爭奪地位的傾向，聚在一起會推舉出領袖。

女性

女性腦　女性在胎兒時期，沒有吸收到男性賀爾蒙，鬥爭心相形之下比較薄弱，性情溫和，講究互相協調。

會主動跟新人攀談

女性會積極跟新人攀談，跟對方當好朋友。而且會多方關懷，細心照顧對方。

不會決定明確的領袖

喜歡發號施令的人，會被視為愛出風頭，女性習慣「大家一起做決定」。

習慣說一些容易被拆穿的謊言

從表情或動作看得出心虛

肢體動作也會穿幫

為什麼男性說謊容易穿幫呢？這跟說謊以後的行為舉止有關，男性會一直在意說謊這件事，罪惡感始終揮之不去。所以，會表現出一些反常的變化，好比坐立不安、慌慌張張、肢體動作過於誇大等等。

人類除了使用語言溝通，還會用**表情**、**動作**、**態度**等「＊非語言溝通」（Non-verbal communication）來傳達訊息。美國人類學家博德惠斯特表示，在一對一的溝通交流中，語言只有百分之三十五的訊息傳遞能力，剩下百分之六十五是靠說話方式、肢體動作等非語言溝通的手段。

換句話說，男性說謊後表情和態度容易緊張，而女性觀察力又很優異，擅長揭穿對方的謊言，這就是男性說謊容易穿幫的原因了。

謊言也分類型

接下來介紹幾種謊言類型。

①**用來獲得社會認同的謊言**：比方說，吹噓自己是同梯中薪水最高的，這種就是希望大家認同自己能力的謊言。

②**用來防禦或攻擊的謊言**：好比跟同事說自己

＊**非語言溝通**　語言之外的溝通手段，例如聲音、說話速度、表情、姿勢、服裝，是一種靠五感傳達訊息的溝通方法，交談則是語言溝通手段。

陪客戶喝酒，喝到很晚才回家，這就是保護自身地位，同時貶低對方的謊言。

③用來彰顯自我的謊言：比如，吹噓自己認識某某明星，這就是想獲得其他人矚目的謊言。

男女說謊的傾向不同，男性比較常說的謊言類型為①或②，女性比較常說類型③。

男性競爭心強，希望自己的地位比別人高。也因為男性想獲得社會認同的欲望較強，習慣說出謊言類型①。女性則希望獲得眾人的目光，而不是社會認同，所以比較常說出謊言類型③。

非語言溝通事例

美國心理學家奈普，把非語言溝通分為下列幾類。

肢體動作

表情、視線、動作、姿勢

喜悅或焦躁的心情會外顯出來。

身體特徵

容貌、髮型、身材

用改變髮型或容貌的方式傳遞訊息。

近似語言

哭泣、歡笑、聲調高低、講話節奏

用音質的變化或高低來傳遞感情。

利用人工物品

化妝、服飾、飾品

從一個人配戴的東西，能看出其感情和情緒好壞。

其他

親密接觸或交流距離

討厭講太久的電話

男性講電話只是想傳達重要的事情

男性懶得廢話

日常生活中，電話是我們辦公或私交都不可或缺的**溝通器材**。不過，相信很多女性朋友對男性講電話的態度不以為然，明明女性還有很多話想說，男性卻在講完重要的事情以後，就急著掛電話。

嚴格講起來，*溝通有兩種機能。一種是**工具性機能**，也就是用來達成目的的手段。另一種是**表達性機能**，也就是表達自身情感的手段。

平常對話時我們會交互使用這兩種機能，但據說女性講電話的時候，比較常用表達性的溝通方式，隨便都能聊一小時以上的大有人在。主要原因是女性把電話當成表達情感、消除不安的工具，講電話對女性來說，跟見面聊天是差不多的事情。

反之，男性只注重電話的工具性機能，電話對男性來說是**「資訊傳遞的工具」**，所以講完重要的事情就想掛斷電話。

男性的腦部要見面才會受到刺激

另外，男性討厭花時間講電話，跟男女的腦部構造差異也有關係。跟女性相比，男性的**空間認知能力**（▼P40）較為優異，擅長用視覺

*溝通 透過語言、文字、表情、通訊技術等手段，交流想法、感情、思考等訊息。

觀察物體的距離或方向。女性的**語言中樞**則較為發達，語言中樞負責掌控人類的語言活動。

換句話說，**男性要親眼看到女性，本能才會受到刺激**。與其花一大堆時間講電話，還不如直接碰面，這也是多數男性不喜歡講電話的原因。可是，在男女交往前或交往時間還不夠長的情況下，男性也會花時間講電話，來深入了解對方。

男女大不同

對電話的看法大相逕庭

美國心理學家費斯廷格認為，對人溝通分為兩種類型。男女對講電話的看法不同，其實也是溝通方法上的差異。

男性

工具性溝通機能

為達目的所使用的溝通工具

男性把電話當成傳遞重要事情的工具，懶得花太多時間在電話中閒話家常。

表達性溝通機能

將自身感情表現出來的溝通工具

女性講電話不只傳遞重要訊息，還會用來表達自身情感，因此講電話時間比較長。

5 不回簡訊或很晚才回

男性不太重視簡訊這項溝通工具

男性只把簡訊當工具

一般人以為，男性不回簡訊或晚回簡訊，主要是工作太忙或忘記回覆的關係，事實上，男性還有其他的理由。前面也提過，男性討厭花太多時間講電話（➤P24）。同理，**簡訊對男性來說也只是一種溝通工具**。有些男性甚至覺得，簡訊比電話更像單純的工具。因此，回覆簡訊在男性心中的優先順序比較低。

也有人刻意晚回簡訊

然而，也有男性會**刻意晚回簡訊**，達到欲擒故縱的戀愛效果。當女性收不到簡訊而忐忑不安，男性突然回傳訊息，女性會感到特別開心，如此一來即可掌握戀愛主導權。

巧妙使用簡訊，就能夠**掌控對方的情緒**。

簡訊在生活中越來越重要

現在使用簡訊溝通的人非常多，男女之間想要深化彼此的感情時，傳簡訊也不像講電話那樣需要莫大的勇氣，這也是簡訊受歡迎的原因。不過，沒收到回覆時，難免會感到焦躁或不安，深怕自己是不是傳了什麼訊息惹對方不高興。

網路協會曾發起「溝通規則與禮儀」的問

* **簡訊成癮**　不斷確認簡訊，沒收到回覆就惶惶不安，一收到簡訊不馬上回覆就渾身不對勁，症狀嚴重的人連要保持平靜都有困難。

卷調查（二〇〇二年），簡訊引起爭執的第一大原因是措辭誤會，佔百分之三十八；第二大原因是傳訊失誤，包括搞錯傳送對象，佔百分之十七；第三大原因是延遲回覆，佔百分之十四。近年來，***簡訊成癮**的人也越來越多，這種人會花很多時間打簡訊或是不斷確認簡訊，沒收到回覆就非常不安，根本沒辦法專心做其他的事情。

不回簡訊的理由

平常不回簡訊的人，多半沒有把這種溝通工具看得太重要。

不重視簡訊內容，
所以懶得回覆。
看到閒話家常的內容，
不認為有回覆的必要。

延遲回覆的理由

有些人會回覆簡訊，只是要等很久才會回。延遲回覆的原因很多，通常沒有什麼太複雜的意圖。

沒辦法馬上回覆

覺得傳達重要事情
就夠了，剩下的
晚點回沒關係。

有蒐集物品的執著

這是一種想要擁有好東西，讓自己更上一層樓的本能

男性是「收藏家」

有些女性可能不太了解，男性收藏物品的基準是什麼？為什麼類似的公仔要買好幾個呢？

男女雙方對物品的堅持和價值觀不同，**男性傾向蒐集比較稀有的物品，或是有特殊感情的東西，而不是日常生活用品**。例如公仔、美術品、鐵道模型，而專門蒐集來鑑賞的人又稱為「收藏家」。這種行為的背後隱含著＊**宣洩作用**，擁有好東西會令人產生**優越感**，蒐集行為也會帶來成就感，這些快感就有宣洩作用。

另外，男性對物品的堅持和蒐集嗜好，主要承襲自過去狩獵時代的習慣，過去男性對打獵的器具也有自己的堅持。**使用好的器具會讓自己更強大、更安全**，這種習慣稱得上是男性的本能。

相對地，女性喜歡蒐集自己在生活中常用的東西，好比包包或飾品，這屬於想要裝飾自己的心情。

收藏家的三種心態

收藏行為通常出自三種心態，第一種是**「完美主義」**，假如一套完整的收藏包含二十四項物品，完美主義的人會想全部收齊。第二種是

＊**宣洩作用**　透過某種契機，排解自己潛意識中壓抑的鬱結，一口氣達到淨化心靈的效果。

「同屬優越感」，當一群有共同嗜好的人聚在一起，手持稀有物品的人就會產生這種優越感。

第三種是**「強迫觀念」**，一旦決定蒐集就要全部弄到手，就算當事人不想再花錢購買，卻只要不買就會非常不安，無法克制購買的衝動。

其中同屬優越感會讓一個缺乏優越感的人，砸下大錢購買收藏品，這是商人常用來刺激男性購物欲望的行銷手法。

男女大不同
蒐集心態

男女都想購買自己喜歡的東西來收藏，但雙方的心態互有差異。

男性

蒐集物品主要出於＊成就動機

男性多半是為了成就感蒐集物品，好比想要蒐集全系列，或得到特別稀有的物品。

蒐集日常生活中不常用的物品

好比骨董、公仔這一類沒有實用性的東西。

即使是日用品也會擺起來不用

像時鐘、運動鞋這一類實用的東西，也會買兩套來放，一套買來用，一套買來擺好看。

女性需要點綴自己的物品

有些女性是出於成就動機蒐集物品，但大多數都是因為東西可愛，或是想拿來配戴在身上才購買。

蒐集日常生活中常用的物品

女性會買來配戴或隨身攜帶，用途明確才是女性購買的原動力。

使用才是目的，跟「收藏家」不一樣

女性「想要使用物品」的情緒，比單純的「蒐集」要來得強。

＊**成就動機**　追求困難的目標、努力去實現目標的動機，例如去做沒有人做過的事情，或是自己還辦不到的事情。

喜歡逗人笑

想獲得異性青睞的男性特別愛搞笑

搞笑等於受異性青睞？

喜歡逗人發笑的男性，有著甚麼樣的心理狀態？這是想要獲得關注、愛出風頭的**自我表現欲**，這種人喜歡說些*幽默的事情，享受獲得關注的快感。

另外，想獲得關注的人，也有愛出風頭的習性。只是，用大吵大鬧或莫名其妙的舉動出風頭，有引來反感的風險，所以才用逗人發笑的方式吸引眾人的目光，保持良好的形象。

保持良好形象吸引眾人的目光，就能成為受愛戴的人物。受眾人愛戴的人物，通常也比較受女性青睞。女性因為本身賀爾蒙的關係，嚮往愉快又安穩的和諧氣息，對於會逗自己發笑的男性有較高的評價。因此，**男性才會認為「有趣」等於「受歡迎」，動不動就做出一些搞笑的事情**。

反之，多數女性不看重搞笑的價值。與其用搞笑的方式引人注目，不如靠外表或能力吸引大家的目光。

確認自己在別人眼中的形象

再者，積極搞笑的人很在意別人對自己的看法，有**自我意識偏高**的傾向。看到別人被自己

***幽默**　指心中泛起一種好笑或趣味的感情，幽默這種心理現象，會透過笑容呈現出來。

逗笑，就會產生一股安心感，這代表對方沒有討厭自己，所以幽默有時候也是**確認別人如何看待自己的手段**。此外，積極逗人發笑的人，多半也樂於接受「從眾行為」（➤P240），尋求與大家同在的安心感。亦即尋求旁人歡笑的反應，確認連帶感和安心感。換句話說，**搞笑的人很在意旁人眼光，害怕被排擠的情緒也特別強**。

各種幽默類型

引人發笑的幽默行為也有各式各樣的類型，許多心理學家和哲學家，對於「幽默」都有一套看法。

攻擊性的幽默

黑色幽默、自虐、諷刺

這種幽默以攻擊為目的，英國哲學家霍布斯說過，「幽默是一種用攻擊旁人的方式，來獲得優越感的手段」。

遊戲性的幽默

好笑的日常體驗、諧音笑話、搞笑小劇場

這是玩弄文字笑料或是透過精采有趣的體驗來引人發笑的幽默類型，用出人意料的笑點來達到幽默的效果，在日常生活中相當常見。

支援性的幽默

淡化問題的嚴重性

這是在別人失落的時候，用來減輕對方情緒負擔，給予精神支持的幽默類型。
美國心理學家羅洛．梅認為，幽默是一種在艱難狀況下，依然不會迷失自我的能力。

8 不太清楚朋友的私生活

男性對話多半只講重點或結論

不清楚朋友的私生活

丈夫去參加同學會，回家後妻子問道。

妻：「同學會有多少人參加啊？」

夫：「大約二十人吧。」

妻：「來我們結婚典禮的A過得還好嗎？」

夫：「嗯，很好啊。」

妻：「A的太太懷孕了，想必小倆口過得也很辛苦，生產日期什麼時候啊？」

夫：「不知道耶，應該是三月吧？」

多數男性記得朋友間的閒聊內容，但不會探究對方的私生活和家庭狀況，頂多只會了解一下朋友的住處和職場，或是搬家、換工作這一類基本的訊息，不會深入打探朋友的家庭或其他詳細情形。

為何男性多半不清楚朋友的*隱私呢？

男性腦只注重最終結論

前面提過，**男性連接左右腦的胼胝體比較小**（▶P19），**習慣只用左腦來討論重點或最終結論**（▶P48）。男性不是對朋友的事情沒興趣，而是覺得跟朋友在一起，沒必要說太多話。男性之間會互相交換訊息，或是聊天打屁、談論個人興趣，但很少談到與私生活有關的感性話題。況

＊**隱私**　形容非公開的「個人性」事物，與之相反的詞彙是公開。

且，男性深思的時候，**通常都用掌管感情的右腦思考，所以統整歸納比較花時間**（▶P50），當下談論的話題，很難有更進一步的延伸。

男性只有遇到難以解決的具體問題時，才會打探對方的隱私。例如，碰到離婚問題想不出解決之道，於是跑去請教有離婚經驗的朋友。因此，男性不清楚朋友的隱私不是什麼奇怪的事情。

男女大不同

朋友關係

朋友是很重要的存在，但男女的朋友關係並不相同，這也是男女的腦部構造不同所造成的行為差異。

男性

- 男性對話時只用到掌管語言能力的左腦，很難處理各式各樣的訊息。
- 一個話題很少衍生出另一個話題。

女性

報告近況
談論自己
和對方的各種事情
商量
個人煩惱

- 女性對話時左右腦會互相交換訊息，可以同時提供多樣化的訊息。
- 一個話題很容易衍生出另一個話題，而且會深入探討。

商品一發售就趕著去購買

競爭心和名聲欲是及早購買的動力

搶快是競爭心的展現？

電視新聞上常看到，某些遊戲或手機發售的前一天，就有一大堆男性徹夜排隊等著購買。其他男性就算沒到那種地步，也希望盡快買到自己想要的東西，好比喜歡的漫畫發售以後，就想趕快買來看。

到底，男性為何要花這麼大的功夫，趕在發售日當天購買呢？

其實這跟**競爭心**有關係，人類是在母體內吸收到睪固酮，才開始產生性別差異的。睪固酮會讓男性具備攻擊和競爭的天性，產生一較高下的欲望。最先買到其他人還沒有的東西，可以滿足男性的競爭心。

名聲欲太強容易說謊

搶先得到別人還沒有的東西，會有一種滿足感。想獲得這種滿足感的欲望太強烈，代表「**名聲欲**[*]」有比較強的傾向。

所謂的名聲欲，是指追求功業、地位、特色、名聲的欲望。名聲欲強的人需要別人的尊敬，亟欲獲得認同和讚賞，這符合**馬斯洛五大需求層級**（➤P37）中的「認同需求」。比如，已經名利雙收的運動選手，會希望得到「團體冠

＊名聲欲　人類的欲望中，這種欲望的層級比食欲、睡眠欲、性欲等生理需求還要高，屬於社會性的需求。例如犧牲自己幫助別人，藉此獲得大眾的認同，這種亟欲獲得尊敬的需求，就是名聲欲。

軍」這份更高的殊榮。

名聲欲是刺激上進心的重要需求，但這種欲望太強烈可能產生犯罪行為。通常名聲欲太強的人，很在意旁人的評價，擔心自己得不到別人的好評，所以會說謊來獲得稱讚。曾經有學

者欺騙世人，謊稱自己達成了前所未有的臨床應用手術，這也是名聲欲太強的案例。

想要成為第一的名聲欲

人氣商品發售的時候，我們常看到大排長龍的景象。想要成為「第一」的行為，其實跟名聲欲大有關聯。

名聲欲

想得到「名聲」和「聲譽」的心態，有這種心態的人認為，搶先得到別人沒有的東西，成為與眾不同的存在，可以享受到優越感。

接受新聞採訪　　獲得朋友讚賞

＝

認同需求

想獲得認同的需求

名聲欲太強

可能做出不正當的事情來獲得名聲，或是用犯罪的方式引人注目。

埋下假的古代文物，謊稱自己挖到了重要文物。

在大範圍的公共空間塗鴉，好比在鐵捲門或牆壁上噴漆。

10

自尊心極強，想獲得認同

自尊心包含「自負」和「認同需求」這兩大層面

獲得認同會有安心感

自尊心強的男性不肯承認失敗，言行舉止也有看不起人的傾向，跟這種人相處，相信不少人都覺得很困擾吧。

男性具有凡事都要一爭高下這種性情本能，對男性來說，生活的一切都是對抗別人的戰爭，也是對抗自己的戰爭。男性會透過爭鬥，來證明自己比其他人優越，藉此滿足自尊心。

所謂的自尊心，是指對自己的重視，例如**「自負」**或**「驕傲」**便是如此。本來自尊心是很重要的元素，看重自尊的人工作才會做得盡善盡美。然而，自尊也有另一種涵義，這與人際有關。比方說「自尊心極強」這句話，其實意味著**「認同需求」**，也就是想獲得別人的讚賞和認同。美國心理學家馬斯洛，把人類的需求分成五階段的金字塔層級，分別是生理需求、安全需求、社會需求、認同需求、自我實現需求。

為什麼人類會想滿足認同需求呢？其中一個原因是，從小一直被父母放大缺點。所以，這種人會很在意旁人的評價，擔心得不到稱讚。

對自己缺乏信心的人，也有可能是*自我形象不佳。

＊**自我形象**　對自己的看法，或是對自己的印象，也稱為自我概念。

為何自尊心受傷就發怒？

各位身旁有沒有那種自尊心受傷，就立刻發火的男性？**自尊心極強的男性，通常自我評價或自我形象反而不高，**自尊心一受到傷害就會動怒，這是為了隱瞞不安和恐懼的心態。重視自尊的男性，必須依賴其他人的評價來填補信心，因此心理並不穩定，遇到一點批判就會受傷害。

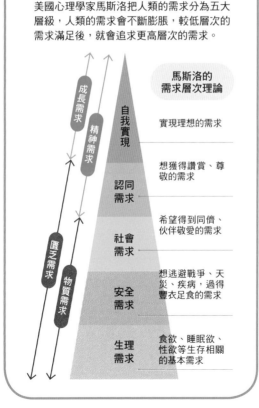

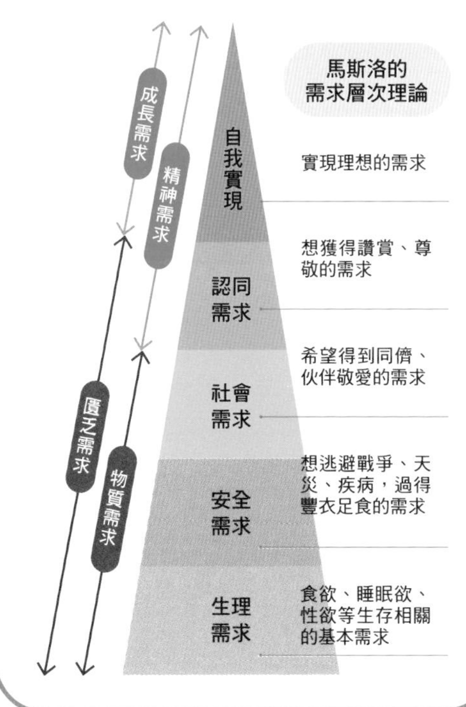
自尊心的內涵
自尊心主要有兩種意義，這兩種都會影響到一個人的言行舉止。
自尊心
自負
尊敬自己的情緒，對自己有信心，而且感到自豪。
認同需求
想獲得認同的欲望，對自己沒信心，希望別人肯定自己。
人類的需求層級
美國心理學家馬斯洛把人類的需求分為五大層級，人類的需求會不斷膨脹，較低層次的需求滿足後，就會追求更高層次的需求。
馬斯洛的需求層次理論
成長需求
精神需求
匱乏需求
物質需求
自我實現
實現理想的需求
認同需求
想獲得讚賞、尊敬的需求
社會需求
希望得到同儕、伙伴敬愛的需求
安全需求
想逃避戰爭、天災、疾病，過得豐衣足食的需求
生理需求
食欲、睡眠欲、性欲等生存相關的基本需求

11 想要給人壞壞的印象

無法達成期待所產生的想法

在糾結中確立自我認同

少年漫畫或電視劇中，常有不良少年對立或是痞子老師跟學生交心的作品，這一類故事都有壞壞的角色登場。很多男性也會吹噓自己有過一段荒唐歲月，為什麼男性會嚮往那些壞壞的人物呢？

美國心理學家艾瑞克森表示，每個人青少年時期都有各種迷惘，經歷過這些迷惘，我們才能確立自我意識，了解自己到底是什麼樣的人，這稱為「*自我認同確立」。青少年在確立自我認同之前，暫時不必承擔社會上的義務和責任，這段期間稱為「認同未定」。艾瑞克森認為，這段期間比較接近心理糾結的時期，而不是單純的準備期間。大多數人都是在糾結中確立自我認同，變成一個沒有犯罪性的成年人。

逃避期待和壓力的手段

不過，確立自我認同的過程如果不順利，可能不曉得自己該做什麼才好，對自己的本性感到迷惘，於是選擇「*否定性的自我認同」。比方說，孩子小時候要背負父母的期待，努力考上明星學校；長大後又得背負家人和親友的期待，努力擠進一流企業上班。要成為這種優秀

＊**自我認同**　人人心中都有一個根本性的疑問：自己到底是什麼樣的人？自我認同就是對這個疑問的自我定義，同時也是一貫的自我意識，讓我們明白自己跟其他人不同。

的人並不容易，可能最後對一切感到厭倦，而刻意跟旁人的期待唱反調，選擇當一個放蕩不羈的人，讓自己看起來比較獨立自主。

男性背負社會上的期待，必須努力當一個了不起的人，在確立自我認同的過程中，**內心的糾結和壓力遠比女性大得多**。所以會嚮往有點壞壞的瀟灑人物，來作為一個逃避的出口。長大以後，男性或多或少還是有這樣的心情，不過有些人的憧憬太過強烈，甚至會鋌而走險遊走在法律邊緣。

嚮往壞人的心態和實際學壞的心態

男性多少都對「壞壞的男性」抱有憧憬，但這種心態如果過於強烈，就有作奸犯科的風險。

摸索自我認同

思考自己該以什麼身分活在社會上。

朝解決的方向邁進

↓ 迷惘

經歷挫折和失敗，看不清自我形象

▶自我認同失焦

一直煩惱自己到底該做什麼，最後對人際關係感到不安，甚至罹患精神官能症，做出害人害己的事情。

↓ 過於迷惘

「乾脆學壞吧」

▶否定性的自我認同

既然得不到社會認同，也無法滿足旁人期待，那就乾脆墮落的心態。

從煩惱中學到經驗，成為一個成熟的大人

▶自我認同確立

就算有一些負面的部分，但至少歸納過自己的見解，明白自己究竟是什麼樣的存在。

＊**否定性的自我認同**　與其努力達成超出自己能力範圍的社會形象，不如追求反社會的形象，比較容易確立自我認同。

12

走錯路也不想回頭

相信自己的行動是正確的

男性有優異的空間認知能力

男性對駕駛技術有自信，又擅長閱讀地圖，就算開車時迷路，多半也不會承認是自己錯。男性之所以有這樣的自信，主要是解讀地圖的「*空間認知能力」遠比女性優異，那可以說是男性最擅長的領域之一。

經過掃描分析後發現，男性的右腦比左腦還要大，而左腦掌控邏輯思維，右腦前方則是空間認知能力的控制區域。**右腦又稱為意象腦**，**負責掌管空間認知與感性思維**，同時也支配左半身的運動與知覺。右腦跟視覺資訊的掌握，以及直覺性的思考也有關聯，例如感受意象、觀看圖片、聆聽音樂、解讀表情就與右腦有關。因為古代男性在打獵的時候，必須瞬間思考奔跑的速度和使用武器的力道拿捏。另外，離家遠行後再從遠處歸來，這樣的行為也鍛鍊了男性的空間認知能力。因此，男性不相信自己會走錯路。

肯定自己採取的行動

男性明知自己走錯路，也會想其他辦法抵達目的地，不願意直接往回走。女性迷路會立刻問人該怎麼走，男性則認為自己可以解決，沒

***空間認知能力**　光看平面圖示就能想像出立體影像，在腦海中用不同角度觀察物體。這個能力是右腦的功能，右腦發達的男性較擅長這樣的作業。

必要請教別人。即使這麼做會繞遠路，他們也會肯定自己的選擇，甚至說服自己往回走更花時間。

美國心理學家費斯廷格認為，這樣的行為出自不願意承認過失的**「認知失調」**。一般人發現自己的信念或行動有矛盾，會產生不愉快的情緒。要不是改變自己的信念或行動，再不然就是追加新的事實消除矛盾，來尋求心靈上的安定。

消除認知失調的方法

自己的信念或行動遭受否定，是一件難以接受的事情。美國心理學家費斯廷格，把那種不愉快的感覺稱為認知失調。

發生認知失調

自己的行為Ⓐ和事實Ⓑ互相矛盾，產生不愉快的感受。

↓

如何解決認知失調

認知C
也有人抽菸長命百歲

認知D
交通事故的死亡率比抽菸更高

把認知Ⓐ改成「認知Ⓔ戒菸」雖然就沒有矛盾了，但戒菸不是件容易的事，所以加上Ⓑ、Ⓒ和Ⓓ這些新的資訊，減輕Ⓐ和Ⓑ的矛盾，把自己的行為合理化。

消除認知失調

13

喜歡單獨行動更勝團體行動

獨立的男性都是個人主義者

自主行動是成熟的象徵

多數男性不喜歡配合別人一起行動，也懶得跟別人相約出遊。女性有協調性和體恤對方的特質，男性則傾向互相競爭。**男性很討厭失去行動自由**，因此他們覺得一個人比較自在，也傾向獨自行動。另外，像吃飯、購物這一類達成個人目的的行為，大部分男性也不需要跟別人一起做。**憑著獨立思維採取自主行動的男性，通常也是*個人主義者**。

反之，喜歡跟著團體一起行動的男性，有特別強烈的「社會需求」（這是馬斯洛的需求層次理論，▶▶P37），這種人希望被團體接納，藉此獲得安心感。

自私的利己主義者容易被孤立

只不過，有些人在需要團隊合作的場合，仍然堅持個人行動，引發不必要的麻煩。這種人不算個人主義者，而是只顧追求自身利益的**利己主義者**。

而喜歡獨自行動的男性中，還有一種孤僻的人，他們缺乏社會性，也不想跟其他人產生親密關係。美國心理學家瓊斯曾經對年輕人做研究，調查那些孤僻的人有何特徵。首先，自覺

＊**個人主義者**　按照心理學的說法，這種人獨立自主，屬於成熟完善的個體，而且為人開明民主，在群體中會尊重其他人的自主性，並積極參與社會活動。

孤獨的人自尊心較低，對自己的評價也不高。他們認為自己比不上其他人，也沒有什麼自信。再者，這種人性格內向，但自我意識很強烈。由於孤僻的人給大家一種冷淡不好相處的印象，於是**陷入了更加孤獨的惡性循環**。

喜歡獨自行動的男性，也有那種不親近其他人，不得已只好自己一個人的類型。

個人主義和「孤獨」不同

有些人以為「個人主義」和「孤獨」是同一回事，不過這兩者完全不一樣，美國心理學家瓊斯證實，孤獨的人有以下幾種特徵。

1 缺乏自信

自我評價或自尊心不高，性格內向。偏偏自我意識又很強，很在意別人對自己的評價。

2 對社會或其他人抱持否定態度

覺得社會不公平，對社會或其他人抱持否定態度。

3 陰沉，不講究秩序

做事缺乏幹勁，不關心規定或正確的行事流程，缺乏社會性。

孤獨會產生惡性循環

反正我就爛，跟誰都合不來，這世界太不公平了。

這人好難親近，也不知道在想什麼，好冷漠。

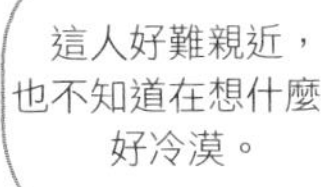

不願意積極和旁人互動的態度，也造成旁人不願意積極與之互動。這就是所謂的「回報性原理」，「好意的回報性」也是相同道理（▶▶P47）。

長大了還是愛耍幼稚

無法融入社會的男性

不願意面對現實

擁有赤子之心聽起來很有魅力，但女性很難接受成年男性身上有幼稚的部分。遇到一點困難就想放棄逃避，只有身體是成熟的大人，心靈和行為卻像個**任性的小孩**，這種缺乏社會性，無法適應社會的男性，他們的心理狀態就稱為**「*彼得潘症候群」**（Peter Pan Syndrome）。

這種心理狀態的基本特徵如下，十二歲到十八歲有**不安**、**孤獨**、**不負責任**的性情；十八歲到二十二歲有**自戀**（▶P123）、**男尊女卑的思維**。這雖然不是精神疾病，但當事人很難建立良好的人際關係，在職場上也容易被孤立，無法順應社會。在家中還會對家人表示不滿，甚至拳腳相向。彼得潘症候群的成因尚未明朗，可能是家庭環境或家人之間的人際問題造成的。到了二十多歲會發展成異常自戀的性情，喜歡靠妄想滿足自己不完美的部分，不肯正視現實。

也許是男性必須承受社會壓力，努力當一個了不起的人，一旦理想和現實的落差太大，就容易逃避現實。

想擺脫責任和義務

不想長大，不願承擔社會責任，這些都是現代

*** 彼得潘症候群**　這是美國心理學家凱利，引用《彼得潘》一書所提出的論述。由於當事人不想長大，所以無法適應社會。

人的通病。有人長大後無法自立，依舊仰賴父母照顧，這種人稱為**「寄生族群」**，至於無法融入社會的人，則為**「*認同未定族群」**，這些情況也造成了某種程度的社會問題。認同未定的原文（Moratorium）本來為「暫緩」之意，但用於現代日本社會則有否定的意味，專指那些**過了青少年時期，還沒辦法承擔責任和義務的人**。

尤其男性必須長期和社會接觸，跟女性相比更能感受到競爭社會的壓力。所以，想要逃離社會的人也特別多。

彼得潘症候群的特徵

有「彼得潘症候群」的人始終長不大，他們有以下幾種特徵，而這些特徵的共通點是「不願意面對現實」。

自我中心

不會體恤別人的言行或心情，說話做事都是以自我為中心，跟旁人有溝通上的困難。

沒責任感

對自己的言行缺乏責任意識，對於身為一個成年人的社會責任也缺乏自覺。

依賴性

依賴家人或親朋好友，沒辦法自己做判斷，個性被動難以自立。

沒有自信

對自己沒信心，不敢積極採取行動。不願意接受新的事物，因此無法成長。

＊**認同未定**　本來是經濟用語，意指「暫緩支付」，後來衍生出社會心理學的涵義。也就是在確立自我認同（▶▶P38）之前，有一段心靈上的寬限時期。

15

喜歡聽讚美或奉承之詞

獲得讚美會發揮超出預期的能力

得到女性認同就會很有信心

自尊心強的男性有強烈的**認同需求**，希望別人認同自己，因此對於別人的奉承很沒有抵抗力。尤其對自己缺乏信心的男性，非常需要女性稱讚自己，幫自己加油打氣。他們會把稱讚自己、認同自己的女性視為紅粉知己，有時候還會產生一種近似戀愛的感情，不惜為對方付出時間和金錢。相對地，有些男性聽到奉承的話會生氣或自嘲，這種人過去有自尊心受傷的經驗，例如以前被別人稱讚，結果發現原來對方是在嘲笑自己，所以沒辦法老實接受別人的讚賞。

另外，這種手法也常用在廣告、傳單、宣傳郵件上。比較常見的手法是，**用甜言蜜語讓對方覺得自己是特別的存在**，好比「特惠只提供給百位入選者」，這種技巧可以影響別人的決策，操弄其意見和行為。

讚美的加乘效果

當一個人的優點被反覆讚賞，就會覺得自己的一切都獲得認同，進而產生強大的自信，在其他能力上形成**加乘效果**，這種心理機制稱為「***部分刺激擴大效應**」。

＊**部分刺激擴大效應**　當單一特長不斷被稱讚，就會覺得其他部分也同受稱讚，最後產生一種全面的自信。

比方說，有個男性不擅長在人前演說，但籌謀企劃案的能力很強。只要有人持續稱讚他的企劃有趣，而且別出心裁，當事人就會產生自信，連表情也變得充滿活力，在人前發表演說的能力也會進步。關鍵在於，要讓對方感受到真誠的讚美，而不是空泛的安慰或同情，這樣才會有顯著的效果。

奉承會產生好意的回報性

其實，「奉承」是向對方示好的一種手段。藉由奉承的手法，也能得到對方的好感。

好意的回報性

意思是感受到對方的好意，也想以好意回報對方。只是，面對難以回報的好意，反而會覺得是一種壓力。誇張的奉承或過度的好意，是在給對方添麻煩。

你率領的團隊好有幹勁喔，你真是個優秀的領導者呢。

稱讚對方，表達你的好意。

她的工作能力不錯，同樣是個優秀的人才啊！

獲得稱讚後，感受到對方的好意，因此也想回報對方。

16 只在意結果不注重過程

男性只對「結果」感興趣

希望自己的成果獲得讚賞

有些女性收到男性送的禮物會感謝他們張羅禮物的辛勞，但男性聽到這種說法卻不怎麼開心。相信女性讀者多少有碰過類似的經驗吧？對女性來說，男性張羅禮物的過程才是她們感動的原因，但男性想知道的是，到底妳喜不喜歡他準備的禮物？

男性在工作場合也把結果看得比過程重要，稱讚男性的時候**加入具體的數據**，男性會更感到心滿意足。比方說，妳可以稱讚男性，多虧他的努力，公司營業額比去年多了兩成左右，這種說法就不錯。

男性習慣先說結論

男女對話方式也有類似的差異，通常男性談話有「*結論先行」的傾向，由於男性把對話的結論看得比過程重要，所以會想先搞清楚對話的結論或用意是什麼。如果搞不清楚就會感到煩躁，甚至根本不會專注在對談上。男性連接左腦和右腦的**胼胝體比較細小**（▶P19），**對話時通常只用左腦，這也是男性說話講究邏輯，而且只講必要訊息的原因**。

相對地，女性的胼胝體比較粗大，左右腦互

***結論先行**　先說結論，以求快速而正確地表達問題和結果，這種對話方式在商界備受推崇。

相連結的狀況更好，因此會使用左右腦來進行對話。多數女性習慣先說過程，例如依照當時的情緒延伸出各種話題，或是在談論的過程中得出結論。女性認為對話是溝通的一環，與其只重視結論，不如好好享受對話過程。

有時候男性在對話過程中，會催促女方快點說結論。女性則會抱怨，不講清楚過程根本無法掌握事件全貌。男女對事物的看法不同，也是由此而生。

男女大不同
結論的報告方式

結論同樣只有一個，但報告的方式不同，也會突顯男女雙方的差異。

男性

男性通常會先說結論，不太重視先前的過程。因為男性對話時，只用到掌管語言中樞的左腦，所以習慣用有條理的方式傳達重點。

女性

關於那個企劃案，
本來對方是同意的，
可是中途又變卦，
後來呢……
……
重點是什麼？
不講過程
怎麼掌握事件
全貌啊？

女性認為講述過程比較重要，這樣對方才會接納結論。女性對話時會交互使用左右腦，在腦中交換各種資訊，因此會提起結論以外的話題。

17

不會把心中想法全部說出來

一定要歸納出結論才肯說

男性習慣獨自煩惱苦思

男性一有煩惱就會把自己關在屋裡，一副悶悶不樂的樣子。相信有些女性朋友，也看過自己的另一半獨自苦思的模樣吧。女性不管遇到開心或煩惱的事情，都習慣跟對方共有。尤其當她們察覺自己的情人或丈夫有煩惱，就會想幫對方分憂解勞。不過，男性面對越深刻的煩惱，越需要一個人獨處。

理由在於，**男性思考麻煩的問題要花很多時間，而且要想出結論才願意說出來**。男性思考問題時，主要使用右腦。

誠如前述，男性的**胼胝體比較細**（▶▶P19），**掌控情感的右腦和掌控邏輯的左腦**，是分開來思考問題的。女性的胼胝體比較粗，擅長用左右腦一起思考問題。相形之下，**男性思考問題更花時間**，他們不願意說出自己的煩惱，不是缺乏愛情或信賴的關係。

不願示弱的自尊

男性很看重自尊，只是程度因人而異，在男性的觀念裡，遇到任何艱難困苦都該咬緊牙關撐下去。男性害怕說出心中的煩惱會破壞自己的形象，被女性當成軟弱的人。畢竟男性從小

＊**自制心**　控制自己奔放的欲望和情感，也可以說是自我克制的心情或精神力。

就被教導**要像一個男子漢，而且還背負著社會的期待**，不能表現軟弱的一面。對男性來說，表現出情緒化的反應，坦承自己的煩惱或軟弱，這都是缺乏*　**自制心**的證據，是很可恥的事情。

換句話說，男性在學校、職場、家庭都習慣獨自承受精神壓力，對外就假裝若無其事，甚至虛張聲勢。就算有值得信賴的朋友或戀人，也不會全盤托出。男性會事先在心中劃一道防線，避免對方看到自己最軟弱的一面。

男女大不同

男性煩惱時的舉動

多數的女性不能理解，為什麼男性有煩惱不肯說出來？然而，男性煩惱的方式跟女性是不一樣的。

男性

右腦掌控情緒和感情，左腦掌控語言和邏輯，而男性的右腦較為發達，思考問題時多半使用右腦。一旦遇到壓力，就會在心裡慢慢整理現狀和情緒。

女性

女性認為煩惱應該共有，不該獨自承擔。所以會徹底運用左腦的語言機能，完整說出自己的煩惱。再者，女性擅長處理各式各樣的訊息，也會參考聆聽者的意見。

18

外出時隨身攜帶的物品很少

攜帶物的多寡和心裡的包袱有關

為何男性隨身攜帶的物品很少？

男性對物品有一套自己的堅持和執著，因此願意花很大的心力，去蒐集自己喜歡的東西或稀有物品。

另一方面，男性隨身攜帶的物品很少，有些人出門連包包都沒帶。過去武士必須迅速拔刀應敵，所以雙手不能有任何束縛。或許這樣的習慣，也跟男性隨身物品稀少有關。

心理學可以從一個人隨身物品的數量，來解讀對方的心理狀態。當患者前往*身心內科看診，醫生會先請患者訴說自己的煩惱，並詢問發病的過程和原因。診斷時，醫生會從患者的說詞和其他要素（例如表情、動作、服裝、攜帶物品）來判斷患者的心理，這種方法又稱為**「視診」**。

內心的不安和攜帶物品的數量成正比

視診的其中一個診斷基準，就是觀察患者攜帶的包包。比方說，本來包包裡裝了一大堆東西的患者，隨著治療慢慢改善症狀，包包裡的東西也會減少。原因在於，內心不安的人會以持有大量物品來尋求安心感，患者的憂慮過多，就會替自己準備一大堆東西。不安消除後心靈

***身心內科**　診斷壓力或其他精神因素引起的身心症狀，包括厭食症、暴食症、失眠等等。身心內科與一般內科不同，較重視心理諮詢。

獲得滿足，攜帶物品自然會減少。換言之，攜帶物品的數量是衡量心理狀態的一大基準。從這個角度來看，男性平常隨身攜帶的物品較少，代表心中的不安比女性少，心理健康狀態也更為安定。

另外，**「自我膨脹」**也是攜帶物品數量增加的原因。所謂的自我膨脹，意指達成目標後感到喜悅，於是想更上一層樓的欲望。當事人認為，要達成目標得準備好各種東西，所以包包裡的東西越放越多。

男女大不同
包包裡的東西

包包的大小和裡面放的東西，反映了一個人的內心，我們來看看男性和女性的攜帶物品有哪些傾向吧。

男性

平日　　旅行時

男性平日的攜帶物和旅行時差不多，沒帶必須品也不會特別在意，數量並不多，沒做好萬全的準備也不會擔心。

女性

平日　　旅行時

女性會預測各種突發狀況，或是依照過去的經驗做好準備，因為考量到各種可能性，所以物品的數量自然比較多。就算自己用不到，也可以提供方便的物品給其他人用。這就是女性的思維，所以旅行時會攜帶更多物品。

19

喜歡研究機械

擅長在腦海中模擬立體影像

男性腦部的空間認知能力很優異

男性喜歡擺弄機車、電腦、相機、鐘錶等器械，相形之下機電技能比女性更強。也有人可以獨自拆解組裝，或是修理故障機械。這主要是男性擅長思考機械的構造，熟知機械運作的原理。

一般來說，男性腦部的**「空間認知能力」**（▶▶P40）比女性優異，這是一種把平面物體想像成立體影像的能力。調查空間認知能力時，會使用一種叫空間迴轉測試的方法，也就是讓當事人從不同角度觀察物體，再回答物體看起來是什麼樣子。要答出這個問題，得先在腦海中想出立體圖形，並且加以翻轉，想像不同角度的模樣。

有人做過一個學習實驗，讓男女雙方記住地圖上的路徑，結果顯示，男性抵達目的地的時間較短，走錯的次數也較少。就算地圖分成好幾張，男性也會判斷方位，用較少的時間記住路徑。由此可推定，男性是透過距離、方向、角度來認知空間的。至於女性是透過高樓等具特色的地標來記住路徑，但方向感不太好。

造成男女腦部差異的雄性激素

根據白老鼠的實驗得出了一個推論，腦部在

＊**雄性激素**　男性賀爾蒙的總稱，有促進男性性器發育、刺激性欲、增加肌肉量和體毛的作用。

發育階段**受到「*雄性激素」影響，會提升空間認知能力**。雖然這種實驗無法用在人類身上，但可以推斷人類身上也有同樣的狀況。人類在母體內受精後，一開始都是女性，直到後來產生男性染色體的胎兒受到雄性激素影響，性別

才開始產生變化。前面也說過左腦是語言中樞，雄性激素有抑制左腦的效果。雄性激素的分泌量越多，左腦的發育也會越遲緩，所以**男性的右腦才會特別發達**，彌補發育遲緩的左腦，這也是男性**空間認知能力優異**的原因。

男女大不同

測試男女擅長的領域

男性腦有優異的空間認知能力，女性腦則有優異的語言能力。加拿大西安大略大學的研究員木村，曾對男女實驗者做過下列測試，測試的正確率也突顯了男女差異。

空間迴轉測試

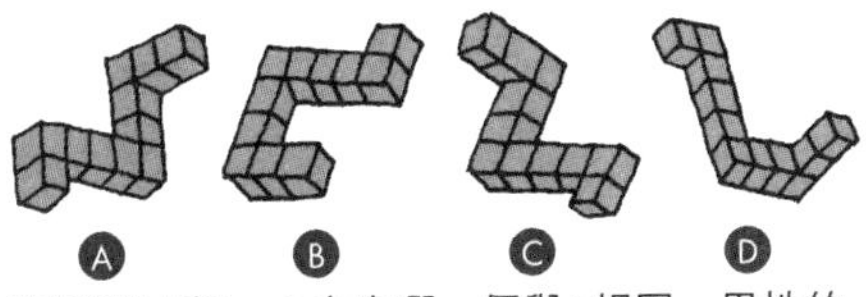

詢問測試者B～D之中哪一個與A相同，男性的正確率較高，答案是D。

瞄準目標的運動技能測試

投射目標的運動測試也是男性成績比較好，男性擅長掌握自己和目標的距離。

認知速度測試

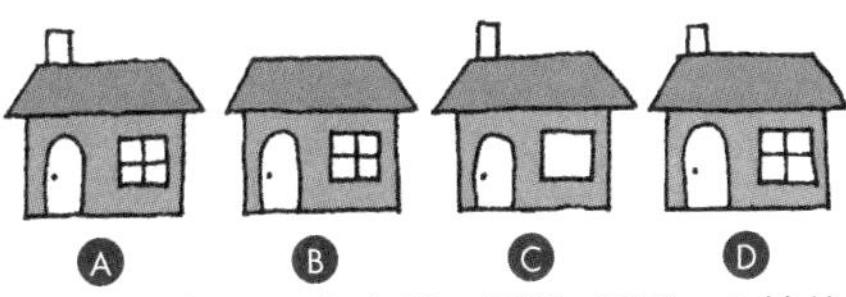

詢問測試者B～D之中哪一個與A相同，女性的認知速度較快，可以迅速看出細微差異，答案是D。

語言流暢度測試

說出「S」開頭的單字，例如Sight、Sing、Six、Sit……女性很快就能想出下一個。

Sing, Six, Sit
Smile, School
Student, Sorry

精通體育或歷史資料

好奇心會促進多巴胺分泌，活化腦部機能

男性對系統和競爭感興趣

有些男性平常忘東忘西，喜歡的運動選手卻記得一清二楚，連好幾年前的比賽數據都不會遺忘，各位身邊也有這樣的人吧？

男性除了喜歡研究機械（▶P54），也很喜歡**分析事物的系統和架構**。因此，男性有熱衷**運動賽事的傾向，而運動賽事是受到各種系統影響的競爭活動**，例如團隊組織化的系統、按規則制定的比賽系統、勝負的統計系統。另外，**各種競賽堆砌起來的歷史，也是競爭心較強的男性感興趣的領域**。像戰國武將這一類戰場上的明星，還有相關的歷史人物，男性都會記得非常清楚。

熟習各種資料，需要數字概念的工作，也都是男性從事居多，好比數學家、醫生、化學家，大家也以為男性的數字觀念比較好。

事實上，掌管語言和數學等邏輯思維的是左腦，女性的左腦反倒比男性的發達。男性比較發達的右腦掌握感官能力，本來應該擅長直覺思考才對。

多巴胺會提升記憶力

那麼，為何男性精通運動賽事和歷史資料

＊**多巴胺**　多巴胺減少將無法順利傳遞運動訊號，可能跟手腳發抖的帕金森氏症有關。反之，多巴胺太多會刺激神經亢奮，產生幻覺或妄想。

呢？這跟腦內賀爾蒙「***多巴胺**」有關。多巴胺是聯絡腦神經細胞的神經傳導物質，**有刺激神經細胞、產生快感和幹勁**的作用。多巴胺一經分泌，就會帶來創造性和其他知性的愉悅。

而**好奇心是刺激多巴胺分泌的關鍵**，就算男性的數字觀念薄弱，只要遇到自己感興趣的活動，多巴胺就會刺激、活化腦部，幫助當事人記下各種複雜的數據。

多巴胺和行動的關聯

多巴胺號稱「幹勁賀爾蒙」，會帶來快樂和幸福感。多巴胺分泌量的多寡，對一個人的言行舉止也有不同的影響。

多巴胺分泌量較多的人

為人充滿幹勁，做事積極有行動力，好奇心也特別強，對各種體驗和知識有很強的求知欲望。只不過，分泌量太多的人，做事容易三分鐘熱度，會不斷購買新上市的商品，或是一直搬家、換工作。

多巴胺分泌量較少的人

喜歡安定更勝冒險，對一成不變的生活感到安心，不會有太多不滿。分泌量太少的話，會有行動遲緩的症狀，甚至失去感情和表情變化。

COLUMN 1

男性常見的五種類型

有些人格特質雖然男女皆有，但在男性身上似乎比較常見，這跟男性本身的特性有什麼關係嗎？

TYPE 1 犯下兇惡的罪行

●具攻擊性的男性賀爾蒙

根據二〇一二年的「犯罪白皮書」報告，男性殺人案佔了百分之七十五・五，強盜案佔百分之九十三・五，傷害事件佔了百分之九十一・八，遠比女性高出許多。男性犯罪者較多的原因，可能跟生理構造有關係。

男性的**雄性激素**（▶P55）分泌量比女性多，而體能強度和攻擊性都與雄性激素有關聯，於是我們推測男性是受到雄性激素影響，才會充滿攻擊性。也因此，男性的**攻擊本能較強**，**體能又比女性更強悍**，這也是男性容易犯下強盜或殺人的原因。

腦

胎兒期吸收到大量雄性激素，於是開始有性別上的差異，並成長為男性，這時候腦部也會吸收到雄性激素。

睪丸

發育期的睪丸也會分泌大量雄性激素。

TYPE 2 沉迷賭博

勝負的不確定性會帶來快感

賭博有趣就在於勝負的不確定性，這跟**「部分強化」**的心理作用有關。所謂的部分強化是指某種行為只會「偶爾」獲得報償，永遠有報償則稱為**「持續強化」**。一直有報償的行為會令人生厭；反之，久久得到一次報償的喜悅和快感會加倍。不確定性帶來了刺激感，當事人會期待自己賺到大錢，而這種期待又會化為快感，明明賭博的風險很大，但人就是會忍不住想要賭。

尤其男性**受到男性賀爾蒙的影響，容易被激起競爭心和挑戰精神**（➡P20），所以愛賭博的人也特別多。

部分強化

某種行為久久才會獲得報償，例如柏青哥、賭馬、競輪、買彩券。

持續強化

某種行為一定會獲得報償，例如工作或統統有獎的抽籤。

TYPE 3 戀童癖

因為無法成為真正的大人，只好盯上比自己弱小的對象

把還未經歷青春期的小孩視為性對象，就是所謂的「**戀童癖**」。這是男性常見的異常性癖，若有實際的性接觸，則屬於犯罪行為。戀童癖有分兩種，分別是「**真正的戀童癖**」和「**代償性戀童癖**」，真正的戀童癖天生對成熟女性沒興趣，只把小孩子當成性對象，是與生俱來的性癖。

相對地，代償性戀童癖是出於不安和自卑，這種人擔心自己被看不起，所以用幼童來代替成年女性。這一類自卑感**主要跟無法自立有關**，例如小時候無法克服伊底帕斯情結（▶P146）或是沒有確立自我認同（▶P38）。

代償性戀童癖

本來的性對象是成熟女性，但沒自信追求成熟女性，所以盯上沒有抵抗能力的幼童。

真正的戀童癖

討厭成熟的女性，把年幼的小孩視為性對象。這是先天的性癖好，喜歡的對象也可能包括男童。

TYPE 4 繭居族

競爭失敗後逃到安全的地方

繭居族的定義是，連續超過六個月窩在自家或房裡，沒有去上學或工作，也沒有參與社會活動的人。

有些繭居族是出於精神疾病，但通常是受到霸凌或家庭出問題，才拒絕與他人接觸。

根據厚生勞動省公布的「繭居族應對指南」，**男性繭居族佔了百分之七十六．四**，高出女性一大截。本來男性有很強的競爭心（▶P20），但失敗後對社會產生不安和自卑感，為了躲避外在環境的壓力，就會把自己的住宅或房間當成與世無爭的「避風港」，**強烈的競爭心反倒成了心理負擔**。

繭居族的特徵

經歷挫折，例如考試失利或受到霸凌。

無法離開住處或房間，也討厭跟家人見面。

生活不規律，日夜顛倒，甚至產生失眠的症狀。

可能對父母或親人施暴。

TYPE 5 指導者・教祖

男性喜歡高人一等

歷史上有為數眾多的指導者和教祖，例如偉大的領袖、遺臭萬年的獨裁者、邪教團體的教祖。為什麼有很多男性的指導者和教祖呢？主要原因是**男性競爭心較強，加上出人頭地的社會觀念造成的**，因此男性多半想成為領導者，立於眾人之上（▶P20）。

有指導者和教祖，自然會有支持者和信眾。最危險的是**「邪教精神控制」**的手法，也就是削弱當事人的意志力，控制對方的思想和行為。使被操弄的支持者和信眾發生內在的轉變。

支持者和信眾也有不同類型，例如自我評價低的類型、自尊心高傲的類型、依賴性極強的類型。

邪教精神控制

讓信眾脫離日常生活環境，與外界隔離，使其處於身心疲勞的狀態，進而產生精神上的空白。這是一種容易下達暗示的狀態，可以灌輸信眾危險的思想，讓他們信以為真。

將信眾帶到深山或偏僻的地方隔離

假借「修行」或「訓練」的名義，使其身心處於疲勞狀態

等信眾的精神陷入空白，再下達暗示

第 2 章

職場表現大不同

愛生氣的男性是希望得到認同

用憤怒訴說自己的期待和要求

憤怒必有所求

各位身旁有沒有那種愛發脾氣的男性？整天抱怨別人不了解自己，或是嫌棄別人的態度不佳等等。

常對親朋好友發脾氣的人，主要是對旁人有過多的期待和要求，當期待和要求得不到滿足就會動怒，他們認為自己的主張才是正確的，為什麼旁人都不願意理解？為什麼大家不肯敬愛自己？這種人相信**自己是正確的一方，能力也比其他人強**。一旦遇到不如意的事情，就會產生憤怒的情緒。換句話說，其實這是一種**希望自身才幹獲得認同的需求**。

一般人以為，憤怒是很自然的情緒，背後沒有隱藏什麼目的，不過奧地利心理學家*阿德勒表示，人類的行動都有其目的。憤怒不是自然產生的情緒，而是先有「想要獲得認同」的目的，才會產生的情緒。

從發怒方式來區分男性的類型

愛生氣的男性通常自尊心較強，希望獲得別人的尊敬和讚賞，這其中又分成幾種類型。

①一動怒就很難冷靜下來的男性，屬於**自我表現欲極強的類型**。這種人性格單純，有比較

*__阿爾弗雷德．阿德勒__　生於1870年，卒於1937年。阿德勒提倡目的論，也就是分析行為的目的來了解對方。

不成熟的地方，他們希望別人按照自己的意向行動，可能有喜歡動手打人或是酒後施暴的危險性。

②瞬間發怒後很快就恢復冷靜，而且會好好道歉的男性，多半是懂得體恤對方心情的人。

這種人能夠溫和對話，雖然喜怒哀樂較為劇烈，卻是一個感性豐富的人。

男性不太擅長表達自己的感情，或許會用憤怒的方式尋求對方的關愛或期待，而不是用語言表達需求。

憤怒的真相

「憤怒」既是一種威脅，也是一種強大的動力。根據心理學的說法，人之所以「動怒」有以下幾種類型。

攻擊本能論

憤怒是動物天生的本能，可以用來抵禦外敵侵犯。這是奧地利精神分析學家，佛洛伊德提倡的學說。

攻擊學習論

從過去的經驗學到施暴的好處，因而反覆採取類似的舉止，這是美國心理學家班度拉提倡的學說。

挫折攻擊論

用攻擊的方式消解挫折感，但只挑不會反擊的對象，這是美國心理學家米勒和鐸拉德提倡的學說。

攻擊觸發論

看到刀槍等武器，或是攻擊性影像就會受到刺激，產生憤怒的舉止，這是美國心理學家伯科維茨提倡的學說。

喜歡裝忙的男性是自戀狂

希望別人認為自己很優秀

愛炫耀的男性是自卑的自戀狂

不少男性**喜歡炫耀自己有多忙碌**，好比說自己每天都加班到深夜，連週末都不得休息。這種喜歡說自己有多忙的行為，背後到底隱藏了什麼樣的心態？

喜歡說自己忙碌的人，主要是想彰顯自己很優秀，深得器重，藉此獲得大家的認同和讚賞。這又稱為**「認同需求」**（P36），**和「*自尊情感」**有很深的關聯。喜歡炫耀自己很忙的多半是男性，而且他們內心都有深刻的**自卑感**，屬於無法愛上其他人的**自戀狂**（P123）。真正優秀的人早已獲得旁人認同，根本不需要說自己有多忙碌。

除此之外，動不動就說自己很忙的人，還有幾種常見的情況。第一，因為他們沒有能力在時限內完成工作，所以會故意裝忙。這種人也知道自己能力不佳，於是就**用各種藉口來保護自己**，把忙碌當成沒完成工作的開脫之詞。

還有一種人沒注意到自己能力不佳，這種人通常做事不得要領，缺乏時間管理的概念，連可以準時完成的工作都做不完。

＊**自尊情感**　美國心理學家詹姆士認為，所謂的自尊情感，是一種以為自己很有價值，應該受到他人尊敬的情感。自尊情感的高低，和當事人追求的目標是否順遂有關。

把忙碌當作美德的陷阱

把忙碌當作美德的思維是有問題的，當一個人陷入**團體認同的狀態**（▶P232），把生活重心都放在工作和公司上，一旦失去工作就可能受到絕望感的重擊。工作確實很重要，但不該過於依賴，否則只是自討苦吃。

喜歡裝忙的男性有哪些行為模式？

整天裝忙的人，其實並沒有真的忙出什麼成果。明明工作能力沒有多高超，為什麼還會如此忙碌呢？

工作做不好的理由

1. 沒有遵守工作排程的觀念
2. 在不了解工作內容的情況下幹活
3. 沒有思考行事要領，永遠是做一步算一步
4. 無法同時進行兩種以上的工作
5. 不懂輕重緩急，一份工作常要花兩份心力才做得好

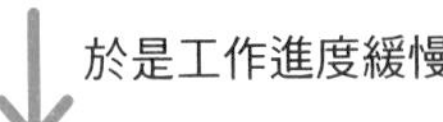

於是工作進度緩慢

「好忙喔」

沒有改善的理由

1. 不認為自己能力有問題
2. 酷愛自己忙碌的形象
3. 以為周圍的人都認同自己很努力

喜歡高人一等的男性容易忌妒

看不慣別人比自己搶眼

忌妒比自己搶眼的人物

受到男性賀爾蒙的影響，男性的競爭心較強，無不希望高人一等。事實上，有些男性的確具備領袖才能，很擅長引領眾人。不過，凡事都要強出頭的人，除了有競爭心極強的男性特質，**忌妒心也相對較重**。因為他們對光鮮亮麗的人物抱有**自卑感**，一看到有人比自己搶眼就心生不滿。所以，總是搶著當領袖的男性，與其說他們對自己的領袖素質有信心，不如說他們多半比較善妒。

如何當上領袖？

美國心理學家泰勒做過一個調查，讓實驗對象觀察兩個陌生人對話的樣子。其中一個陌生人站在實驗者的正前方，可以清楚看到其對話的表情；因此實驗對象一致認為，**站在自己正前方的那一個陌生人比較有領導才能**，至於對話的內容和對話量反而不是重點。從這個結果不難發現，人類是把搶眼的人視為領袖。這代表對一般人來說，可靠的人不見得是領袖，搶眼的人才是領袖。換言之，一個人能否當上領袖完全取決於他有多搶眼。

何謂理想的領袖？

當團體中有理想的領袖，不僅工作進展特別順利，底下的人做起事來也更方便。下面將以＊PM 理論，這個從團體機能觀點來分析領袖類型的角度介紹四種領袖。

P 達成目標的機能

高

Pm 型

把完成目標視為首要之務，與其帶領部下衝，不如自己努力往前衝的類型。

PM 型

會下達明確的指示達成目標，也會顧及團體運作的理想領袖，生產性和團體滿意度都很高。

低 高

pm 型

對於該如何完成目標沒有明確想法，也缺乏統馭能力，是缺乏領導力的類型。

pM 型

把人際關係視為首要之務，目標是讓團體順利運作的領導類型。

低

＊**PM理論**　心理學家三隅二不二提出的理論，領導才能分為「目標達成機能」（P機能）和「團體維持機能」（M機能）。

耳根子軟的男性工作效率差

聽太多建議反而效率不好

耳根子軟的缺點

為人認真嚴謹的男性，會仔細聆聽上司的建議並付諸實踐。但有研究結果顯示，這樣做其實會有反效果，**建議聽得越多工作效率反而越低落**。

美國喬治亞理工學院的盧里教授做過一個商品進貨實驗，實驗對象必須進貨三十次，藉此比較工作效率的高低，對照組共有三組，第一組每次進貨都會得到建議，第二組每三次才會得到一次建議，第三組每六次才會得到一次建議。結果發現，工作效率最好的是進貨六次才得到一次建議的組別，每次都得到建議的組別反而最沒效率。乍看之下，聽從上司的經驗之談好像可以把工作處理得更好，但事實證明，即使按部就班的做事，接受太多建議的人，反而會懷疑自己的做法到底有沒有問題，連帶影響到工作進展。

另外，有些人還有**「過度依賴資訊」的毛病，沒得到旁人的建議就會忐忑不安**，這種人太過依賴資訊，反而降低了自主判斷問題的能力。

不要聽太多的建議，相信自己的方法努力貫徹到底，說不定工作效率會比較好。

＊**過度負荷環境**　資訊量多到難以處理的狀態——我們的生活環境中充斥各種訊息，例如廣告、號誌、標誌這一類的視覺訊息，以及聲音和氣味等訊息。

資訊太多才是負擔

近年來網路普及，我們的生活中充斥著各種資訊。懂得過濾資訊自然是沒什麼問題，但現在的資訊實在多到難以處理。心理學稱這種現象為「*過度負荷環境」，有些人面對過度負荷環境，會產生「**退避症候群**」拒絕吸收更多的資訊。美國心理學家米爾格倫指出，有退避症候群的人會忽視對自己來說不重要的訊息，或是把責任推給其他人。

退避症候群的特徵

當一個人承受的負擔超越自身極限，就會忽視周圍的狀況。美國心理學家米爾格倫，舉出了逃避負荷的人有以下幾種特徵。

盡可能在短時間內處理訊息

當別人來請教自己，只會提供最低限度的資訊，盡量避免接觸。

忽視對自己並不重要的訊息

完全不肯接觸對自己毫不重要的人事物，也不願關心。

把責任推給別人，眼不見為淨

看到別人有難也會假裝沒看到，認為自己沒義務幫忙。

避免和別人有私交

不參加酒會，也不肯交換電話號碼或信箱帳號，只保持最低限度的交流。

話多的男性容易被說服

愛說話的人有強烈的「依賴性」

愛說話不代表口才好

大家都以為愛說話的男性適合做交涉工作說服別人，事實上，愛說話的人多半容易被說服，頂尖的業務員也都把**愛說話的人當成目標**。

奧地利精神分析學家*佛洛伊德提出了人格發展論，根據人格發展論的說法，愛說話的人具有**「口腔期的性格」**。所謂的口腔期，在佛洛伊德提出的五大發展階段中，屬於最初步的階段，是指嬰幼兒透過嘴唇和口腔，享受吸吮乳房的快感。

嬰幼兒用嘴巴咬住母親的乳房吸吮母乳，所有的快樂和快感都是從口腔獲得。這個時期的欲望沒有被滿足的話，就會養成喜歡動嘴巴的性格，好比**「嗜吃」**或**「愛說話」**，這就是口腔期性格。

另外，對乳房過於依戀會讓小孩渴望愛情，這種對愛情的執著長大後也不會消失。換句話說，愛說話這個行為的背後，隱藏著強烈的**依賴心態**，也對愛情有強烈的渴望。

健談的男性跟陌生人也聊得開，很容易建立起人際關係，只可惜**性格比較嬌慣，對別人的逢迎之詞毫無抵抗力，也不擅長婉拒別人的好意**。所以，這種人容易被說服，反而不適合交涉工作。

＊**西格蒙德・佛洛伊德**　生於1856年，卒於1939年。精神分析的創始者，認為心理問題和年幼時的心靈糾葛有關，是無意間壓抑的心態所造成。

面對不同類型的交涉方式

交涉的重點在於，先了解對方的性格，再採取臨機應變的方式對談。交涉的對象千百種，這裡就來介紹一下，面對以下幾種類型的有效辦法。

自尊心強的類型

傾向 討厭被說服
↓
交涉法 讓對方以為他握有決定權

與其口頭說服，不如準備好完整資料，讓對方自行決定。

喜歡資訊的類型

傾向 什麼資訊都想了解
↓
交涉法 提供大量資料

這種人看到大量資訊會很感動，因此量比質更重要。

做事果決的類型

傾向 靠最初獲得的資訊做決定
↓
交涉法 一口氣提供所有資訊

短期集中型的對談方式比較有效果。

凡事細心謹慎的類型

傾向 任何事都要正確理解才甘心
↓
交涉法 將訊息分成好幾次告訴對方

必須清楚告訴對方每一件事，對談要有某種程度的持續性。

依賴他人的類型

傾向 迎合流行
↓
交涉法 用「流行」或「熱門」等關鍵字說服對方

用「流行」或「熱門」等關鍵字說服十分有效。

想像力豐富的類型

傾向 對任何事都感興趣
↓
交涉法 提出特別有魅力的話題

這種人好奇心極強，先提出有魅力的話題刺激對方想像力。

一出事就找藉口的男性不會承認失敗

用藉口替自己打預防針

愛找藉口是什麼心態？

各位身旁有沒有那種愛找藉口的男性？比方說，企劃案想不出來，就推託是昨天陪客戶喝酒害的；工作進展不順，就說是身體不適的關係。這種人害怕在工作上犯錯失敗，所以會找藉口替自己開脫。這樣就能把失敗歸咎於狀況不利，而不是自己的能力有問題，況且事先打個預防針，就不會傷到自尊心了。

另外，也有人會故意喝醉或上班遲到，**讓自己陷入不利的狀況**，如此一來失敗就不是能力不足的問題，而是發生意外或不夠努力所造成，這樣的心態又稱為**「*自我設限」（屬於自我防衛手段）**。

自我意識過剩，不肯承認能力不夠

俗話說失敗為成功之母，只要好好檢討失敗的原因，下次就有成功的機會，像這種檢討原因的行為就稱為**「*歸因」**。

歸因有分內部歸因和外部歸因，檢討自身「能力」或「努力」這一類內部因素，就是所謂的內部歸因；檢討「課題難度」或「運氣」這一類外在因素，則是外部歸因。男性通常自尊心較高，失敗了都習慣檢討外在因素。曾經有人

＊**自我設限**　刻意安排一些限制，萬一失敗了就不必怪罪自己的能力，可以減輕自我否定，屬於一種自我防衛機制。

做過「說服他人」的心理實驗，發現男女的說服能力是相等的。不過，男女對於失敗或成功的詮釋方法完全不同。男性在說服成功以後，會覺得自己能力高超，失敗就怪罪課題太難或是自己不夠努力，絕不肯承認自己能力不足。

男性不肯承認失敗，跟自我意識太強也有關係。相對地，女性認為成功是努力的成果，失敗則是自己能力不足。

失敗的歸因

失敗必定有其原因，考量原因固然重要，但如何看待失敗的原因，對後續的感情變化和行為也有影響。

思考失敗的原因何在

- 本人的能力
- 本人不夠努力
- 運氣或偶然

內在歸因
認為原因出在自己身上

↓

內在控制型
認為結果取決於個人的能力和努力，做事積極主動，但有完美主義又太過拚命的傾向。

- 課題太難
- 運氣或偶然

外在歸因
認為原因不在自己身上

↓

外在控制型
認為結果取決於外在因素，做事被動又有依賴性，有推卸責任的傾向。

＊**歸因**　美國心理學家韋納提出的論述，當一件事情發生，推測事發原因的一連串心理過程，就稱之為歸因。

自謙「能力不佳」其實是想提升自我形象

貶低自己來博得對方好感

對別人的評價敏感才故作謙遜

很多日本運動選手接受採訪時，都會說「自己有好成績，全賴大家的支持與關愛」。日本人認為謙虛是一種美德，但也有男性會過度**貶低自己**，說自己能力不佳。

過度貶低自己的男性，會敏銳觀察自己在別人眼中的形象，並塑造出自己要的形象。貶低自己可以拉抬對方的身價，這種人有時候會說出違心之論來博得對方的好感。實際上，他們並不認為自己的能力有多差，但他們願意用貶低自己的方式，帶給對方優越感，讓對方喜歡自己。為了博得好感而貶低自己，就稱為「**貶抑的自我呈現**」。這種男性會思考自己應該留下什麼樣的形象比較容易跟對方打交道，還會透過「*****自我呈現**」手法，配合對方的個性表現出**自己要的形象**。

想要獲得優越感的男性，才會認為自我貶抑是用來博得對方好感的有效手段。

真正的自我貶抑和虛假的自我貶抑

自我貶抑的心理狀態還有以下幾種類型，第一種是自我評價太低，這種人通常缺乏信心，又帶有**自卑情結**，他們沒有改善現狀的氣魄，

＊**自我呈現**　刻意表現出某些言行舉止，在別人心目中留下自己想要的形象，揭示和隱藏自己的資訊都是一種操控手法。

自卑感容易惡化成躁鬱症狀，再嚴重一點就會罹患憂鬱症。

還有一種人會**事先打預防針**，這樣被別人點出自己的缺失，就不會受傷害了。有時候這種過度貶低自己的手段，主要是**希望別人說好話來安慰自己**。這是想要獲得安全感的心態，證明自己不是一個沒用的人。

自我評價的四大類型

自我評價的基準不是只有高或低，同時還有安定或不安定的差異，這兩種基準會形成以下四大類型。

高

自我評價
高又不安定

自我評價雖高，但容易受到傷害，對失敗或批判非常敏感。會談論自己的優越性，好比過去的成功經歷。

自我評價
高又安定

擁有確切的自信，不會把明哲保身放第一，也不太會忌妒或攻擊別人。

自我評價
低又不安定

一被稱讚就會馬上提升自我評價，但稍微遇到一點壞事，又會馬上降低自我評價。

自我評價
低又安定

不太會被周圍的評價影響，自我評價始終不高。而且也不會想提升自我評價，甘願維持現狀就好。

8 什麼樣的男性有本事東山再起？

懂得探究原因找到成功關鍵

如何檢討失敗原因

再優秀的男性也總有失敗的經驗，有本事東山再起才是真正的英雄好漢。前面也提過，一出事就找藉口的男性不會承認自己的失敗（▶▶P74），在心理學的領域，檢討失敗或成功的原因稱之為**「歸因」**。例如，工作明明很努力卻始終沒有好結果、成績沒有起色，這時候思考自己到底哪裡做錯了，就是所謂的歸因。

不檢討原因永遠無法成功

從事歸因研究而聲名大噪的美國心理學家*韋納，提出了影響成敗的四大因素。

①本人的能力（不變的內在因素）。
②本人的努力（變動的內在因素）
③課題的難易度（不變的外在因素）。
④運氣（變動的外在因素）。

技能不足、努力不夠這一類與「自身相關」的原因，稱為內在因素；工作太難、運氣不好這一類與「自身無關」的原因，則稱為外在因素。對成功有強烈渴望的男性，會在第二種狀況尋找失敗歸因。反之，有些人不求成功，只求不要失敗就好，這種不樂見失敗發生的男性，失敗後也不會檢討原因，只會當成是運氣造成

＊**伯納德．韋納**　韋納的著作《人類動機——動機心理學》一書中提到，所謂的動機，是指行為當事人內在的因果歸屬問題。

的意外。他們不認為事情的成敗和自己的努力有關，而且也沒有追求成功的欲望，因此也沒有「努力就會成功」的想法。

男性的自尊心較強，多數人會把失敗歸咎於外在因素，不過勇於正視自己「不夠努力」（變動的內在因素）的事實，持續思考成功的「方法」，這種男性才有辦法東山再起。

從失敗到成功的應對方法

美國的組織溝通研究家斯托爾茲，提出了「LEAD 法」來解決職場上的失敗或困境。

LEAD 法

先冷靜思考自己的狀況，仔細聆聽對方的說法。

聆聽顧客的客訴內容。

回顧之前的經歷，深入挖掘問題。

檢討到底哪裡出了問題。

深入分析問題發生的原因。

原來是溝通不足造成的。

實行自己能力所及的事情。

跟顧客保持密切聯繫，確實回報問題。

上司喜歡的言行舉止

有助於提升工作評價的舉動

逢迎拍馬果然有效？

每個人都想贏得上司的好感，但大多數人都不太好意思**逢迎拍馬**。

其實，這一類的言行舉止在心理學屬於**迎合行為**（▶P240），也算是**社交用的溝通手段**。迎合行為是用來博得特定人物的好感，也可以說是「攏絡」行為。為了讓工作更順利、提升自己的工作評價，用迎合行為博得上司的好感也是一種實力。迎合＊**支配欲望**強烈的上司，獲得的評價差異會非常大。

什麼樣的行為能獲得上司信賴？

那麼，部下的哪些行為是上司喜聞樂見的？

沒有人會討厭**積極處理工作**的部下，有能力擔任自己左右手的部下，在上司眼中是可靠的存在，也是值得栽培的對象。

心悅誠服地接受指示也很重要，人類都希望按照自己的意思行動，有些人很不能接受上司命令自己。也有人雖然服從指示，但表情顯得很不甘願，答話的方式也有氣無力，像這種**非語言溝通手法**（▶P22）表現出來的厭惡感，有可能被敏銳的上司看出來。要避免類似情況

＊**支配欲望**　想透過指示或命令，讓對方按照自己的意思行動，或是控制對方，屬於領袖思維所產生的需求，每個人或多或少都有一些支配欲望。

發生，請在答話時露出笑容。儘管男性通常不擅長陪笑，但如果無法自然微笑，用裝的至少不會引來上司不滿。

另外，自尊心較高、對地位有強烈執著的人，會把能幹的部下視為威脅。有時候善用**貶抑的自我呈現**（▶P76），好比故意犯一點小錯，帶給上司優越感、保護上司的自尊心才是明哲保身之道。

善用兩種逢迎拍馬的技巧

馬屁用得好，妙用可不少。好好善用以下兩種拍馬屁的技巧，可以建立起良好的人際關係，讓彼此擁有更美好的工作環境。

1 自我確認

稱讚對方有自覺的優點，這樣一來對方會感受到旁人很清楚自己的優點，對自己的優點也會更有信心，同時也會對稱讚的人抱有好感。

2 自我膨脹

稱讚對方沒有自覺的優點，這樣一來對方會覺得很意外，同時覺得你眼光過人。每個人都希望別人發現不一樣的自己，這一招的效果比自我確認更好。

上司討厭的言行舉止

男性特質有哪些不好的特徵？

在職場跟上司打好關係非常重要，不過言行舉止稍有不慎，很容易就會破壞彼此的信賴關係。得不到上司信賴的部下，通常有哪些言行舉止呢？

上司討厭什麼？

首先是**不懂得回報問題，也不會找上司商量問題**。男性有只重結果不重過程的傾向（▶P48），而且習慣一個人解決問題（▶P50）；有些人在工作上遇到困難，根本不會找自己的上司商量，更遑論回報了。因此，往往事情已經鬧到很嚴重了，當事人還是沒有跟上司報告，其實早點報告的話，根本不會闖出大麻煩。為避免類似的情況發生，請各位頻繁回報自己的工作狀況，一有問題就去找上司商量。

再來，**缺乏社會人士的自覺**，這也是上司討厭的一項特徵。比方說，有兩個部下拿著企劃書要給主管看，其中一個人穿得西裝筆挺，另一個人穿得亂七八糟。如果你是主管，你會對誰的企劃比較有興趣？大部分人在翻閱企劃書以前，就會覺得前者的企劃比較好，對後者的企劃不抱期待。外觀和言談印象會成為判斷一個人的依據，「**＊麥拉賓法則**」講的就是這當中的判斷比例。女性比較喜歡打扮自己，服裝儀

＊**麥拉賓法則**　美國心理學家麥拉賓（▶▶P108）提倡的學說，人與人碰面的時候，會在頃刻間斷定彼此的第一印象，通常服裝儀容佔55%，說話方式佔38%，說話內容只占7%。

容會盡量避免給人邋遢的印象，男性在這方面沒有女性敏銳，他們只會覺得企劃內容才是重點，不會深入思考自己在別人眼中的形象，所以有時候會帶給上司壞印象。面對上司不是表現順從就好，而是要仔細思考自己帶給上司什麼樣的印象。

這兩種行為都是男性特質造成的無心之舉，請各位多加留意，才不會被上司討厭。

難搞的部下類型

有些部下不善溝通，而且缺乏社會人士的自覺，這些缺陷對企業來說，是培養人才的一大困難。

1 溝通方式有問題的部下

除了疏於報告和討論，平常都只用簡訊聯絡。

2 認同未定的部下

對上司或前輩講話缺乏敬意，上班時瀏覽和工作無關的網頁，不會思考自己身為社會人士的義務和責任，屬於認同未定的類型（▸▸P45）。

3 依賴他人的部下

一群人負責處理一件工作時，由於責任分散，反而會有偷懶的情況。這稱為「＊林格曼效應」，大家都認為別人會處理好，所以不願意積極去做。

4 缺乏幹勁的部下

為人順從，也會認真處理上司交辦的工作，但缺乏挑戰的欲望，也不會主動提出意見。

5 自戀的部下

自我評價極高，很在意旁人的評價，討厭處理雜務或無聊的工作；如果得不到評價，就認為是旁人沒眼光。

＊**林格曼效應**　團體共同處理一項作業時，人數越多每個人負責的作業量就越少，這一點已經透過實驗證明，這又稱為「社會性偷懶」。

後輩喜歡的言行舉止

給予認同就能博得對方好感

好評和感謝會刺激自尊心

常把鼓勵和感謝掛在嘴邊的男性，在職場上比較容易獲得後輩的青睞。理由在於，人類會喜歡上讚美自己的對象，這又稱為「**好意的回報性**」（▶▶P47）。尤其鼓勵和感謝的言詞還帶有認同和感激之情，通常地位比較高的人習慣注意底下人的過失和缺點，忘了給予該有的讚賞。

時常關心後輩的前輩，會詳加讚美對方的優點，好比稱讚對方接電話時對答如流，或是報告寫得很好。一般來說，男性比較不善言詞，能夠積極表達讚美之詞的男性，會被當成很好的前輩。

另外，前輩多多稱讚後輩，也有提升對方能力的效果。讚美會刺激一個人的自尊心，對自己抱有高度的期待，而對自己抱有期待的人，會專注在工作和訓練上，這種現象稱為「*自我實現預言」。

期待的加乘效果

前輩不吝給予稱讚，後輩才會相信自己的努力獲得認同，覺得自己備受期待。接下來，他們會**努力達成前輩的期待**，這種現象稱為「*比

＊自我實現預言　行動前預先設想可能發生的結果再採取行動，就會有符合預期的結果，這是在形容結果一如預期的現象。

馬龍效應」。美國心理學家羅森塔爾對某間小學做過實驗，證實了比馬龍效應。羅森塔爾在開學時進行特別考試，並告訴那些不知道考試結果的老師某一部分學生未來成績有進步的可能。事實上，那些學生都是隨機抽選，跟考試成績完全無關；得知假消息的老師，對那些隨機抽選的學生充滿期待，八個月後羅森塔爾再次舉行考試，結果那些學生的成績真的進步了。

同理，男性以**滿懷期待的態度對待後輩，有助於提升對方的能力**。

刺激幹勁的蘿蔔和鞭子

對方做出符合期望的舉動就給予蘿蔔（獎勵），反之則給予鞭子（懲罰），這又稱為「蘿蔔與鞭子」是一種刺激幹勁的有效方法。

有效的蘿蔔和鞭子

蘿蔔
工作有成，就在眾人面前給予稱讚，或是提供一些好處。

鞭子
工作失敗或遲到，則給予懲處。

有反效果的蘿蔔和鞭子

蘿蔔
獎勵給得太多，對事物本身反而失去興致。

↓

破壞效應
只顧追求讚美和獎金，對工作沒有太大的熱忱。

鞭子
施以過度的懲罰，反而破壞幹勁。

↓

虐待現象
過於害怕懲處，再也不敢努力追求獎賞。

＊**比馬龍效應**　典故源自希臘神話，賽普勒斯國王比馬龍愛上了絕美的女性雕像，於是祈求天神讓雕像化為真人，天神果真賜予雕像生命，實現了比馬龍的心願。

12

後輩討厭的言行舉止

強硬的命令只會激起反抗心

叫人做事又不得罪人的方法

相信很多人小時候都有類似的經驗，父母凶巴巴地叫我們打掃房間，我們也知道房間亂了應該打掃，但就是不想乖乖聽話，幹勁不增反降。美國心理學家布雷姆表示，**當一個人的自由被限制，就會產生反抗的心態**，這稱為「*抗拒效應」。

同樣的道理，如果你用強硬的口氣，命令後輩迅速完成報告，就算後輩對你有好感，也難免產生抗拒的心態。

那麼，該用什麼說法來建立良好的信賴關係呢？用懲罰來威脅對方完成工作，縱使你達成了目的，日後雙方也會結下樑子。你應該稱讚對方能力優秀，除了他再也找不到更合適的對象來做這份工作；用這種方式**刺激後輩的自尊心**，對方不僅會努力完成工作，還會對你有好印象。

用責罵轉移自卑情結

上位者難免有責備部下的時候，雖然責罵的方式因人而異，但有些人本身有自卑情結。這種類型的人缺乏自信，可能以前也被上司糟蹋過，甚至會把自己抑鬱的情緒發洩在部下身上，

＊**抗拒效應**　每個人都不希望自己的意見或態度受到干預，當自由受到外在威脅，就會想要積極恢復自由的狀態。

藉此獲得精神上的安定。

這是一種**自我防衛措施**，心理學稱之為**「投射」**（▶▶P120）。

男性有出人頭地的欲望，上下關係也相當嚴謹。因此，有些人掌權以後就胡作非為，但別以為男性願意遵守上下關係，上面的人就可以亂來，否則底下人照樣不會有好臉色，這一點請特別留意。

從罵人方式看上司的類型

從上司或前輩的罵人方式，可以看出他們的性格，「憤怒」這種情緒會呈現人類微妙的心理狀態。

1 把部下叫過來罵

自己坐在椅子上罵人，讓部下罰站，這種人對自身地位很有自信。

↓

上司的類型	把部下當成自己的所有物，情況不利時可能犧牲部下。

2 走到後輩的位子，高高在上罵人

認為部下或後輩服從自己理所當然，會用高高在上的態度罵人，很重視上下關係。

↓

上司的類型	上司的類型：把自己放在第一位，部下犯錯可能視而不見。

3 叫到沒人的地方責罵

把部下叫到沒人的地方責罵，以免被其他人看到，這種人會考慮部下的立場。

↓

上司的類型	對部下有關愛之情。

在個體關係和團體關係中的差異

個體之間會互相比較，團體中則講究上下關係

什麼是社會比較？

男性在一對一的關係中，容易產生競爭或對抗的意志，例如比較彼此的薪水高低，或是誰的女朋友比較可愛。反之在團體當中，男性很重視上下關係，會服從領袖的決定，只要是領袖說的話，即使不情願也會乖乖吞下去。

究竟，男性在個人關係和團體關係中，有怎樣的心理變化呢？

男性在個人關係中有互相較勁的心態，這稱為「*社會比較」。社會比較分為兩種，一是比上不足的「上方比較」，一是比下有餘的「下方比較」。

競爭心和自尊心較強的男性，有下方比較的傾向。也就是跟失敗者或不幸的人相比，突顯自己的幸福和成功，藉此獲得信心和優越感。比方說，我們可以炫耀自己有優秀的朋友。但朋友是一種比較的對象，也會影響到自我評價的高低。為了保持較高的自我評價，我們通常會注意對方的缺點，做出下方比較的評價。有時候，男性會把**要好的朋友或同事，也當成競爭對手**。

***社會比較**　這是一種透過跟別人比較，來評價自己意見和能力的欲望，因此會找意見或能力相近的人來比較。

在團體中服從領袖

男性**在團體中會決定地位高低，並且推舉出領袖，遵守上下關係**。男性的同理心比女性薄弱，習慣用**有系統的方式指揮團體運作**，而不是一味顧慮人際關係。所以跟領袖相處，言行舉止會遵守上下關係，比較不會說出真心話。不過，部下和部下之間，屬於一對一的個體關係，會有社會比較的行為。

男性在個體關係和團體關係中的差異

男性在個體關係和團體關係中，言行舉止是不一樣的，這跟男性的特質有關。

一對一的情況

男性的競爭心和對抗心較強，會把對方視為競爭對手，產生社會比較行為。

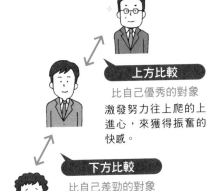

上方比較

比自己優秀的對象

激發努力往上爬的上進心，來獲得振奮的快感。

下方比較

比自己差勁的對象

找一個比下有餘的對象，來獲得優越感。

在團體中的情況

在領袖的手底下做事，會遵守上下關係，像士兵一樣努力履行個人義務，以求有系統地發揮團體機能。

看辦公桌就能了解一個男性

一個人的本性會呈現在桌面上

桌面髒亂的人工作能力不佳？

有的職場前輩習慣在桌上放一大堆文件，一不小心就弄得滿地都是；也有上司喜歡把家人的照片擺在辦公桌上。各位或許可以從辦公桌的擺設，來看清男同事的個性。

會在桌上擺放一大堆資料和書籍的人，乍看之下好像有能力處理很多工作，事實上**無法整理好辦公桌的人，腦子裡也同樣亂成一團，這種人做事不得要領，而且經常犯錯**。習慣裝忙的男性，通常桌面也都特別雜亂。

從桌面看出四種個性

美國心理學家迪米特利斯提倡四大法則，說明辦公桌的使用狀況和性格有何關聯。

①在桌上擺自己的照片，或是自己跟親朋好友的合照，這種人多半喜歡吹牛。會用照片來炫耀自己有多幸福的人，遇到其他事情也會提出誇大的主張，**自我表現欲極強**。

②桌子四周擺滿書籍和資料的人，多半是愛說謊的騙子。尤其把書籍當裝飾品的人，很有可能佯裝聰明來欺騙他人。這種人有誇大的自我形象，以及**強烈的*自戀傾向**。

＊**自戀**　珍視自己的情感，自戀是每個人都有的情感，太強烈的話會產生優越感，以為自己是特別的存在。因此，自戀的人很討厭別人否定或批判自己。

③會在桌上擺設跟工作無關的東西，或是自己喜歡的物品，好比海報或公仔，這種人有自己的一套堅持，很有可能是**自我中心的性格**。

④擺設植物或花朵的人，多半重視健康，而且喜好藝術。**為人溫和有禮，內心的壓力也不會太大**。

每個人的辦公桌，都屬於一種**「個人空間」**（▶▶P111），也就是拒絕他人侵入的心理空間。換言之，辦公桌形同我們的地盤，看一個人怎樣使用辦公桌，就能了解他的性格了。

確認辦公桌！

看一個人的辦公桌，就知道他的心理狀態和性格類型了。

擺放許多私人物品，或是自己感興趣的東西

私人物品越多，代表越不希望別人入侵個人空間（▶▶P111）。

擺放自己的照片

擺放自己或親朋好友的照片，屬於自我表現欲強的類型。

書本資料堆積如山

擺放一大堆書本和資料的人，對各式各樣的事物都有興趣，覺得自我形象聰明無比。

擺放花朵和植物

擺放植物代表心境從容平穩，壓力也不大，懂得溫柔待人。

桌面乾淨的人

工作處理得井井有條，但可能有強迫觀念，凡事不做好充分準備就不安心。

桌面髒亂的人

習慣用狹隘的角度深入思考問題，屬於研究家的類型，也有可能是完美主義者；或許是因為沒辦法徹底整理乾淨，所以就完全不整理。

從座位分析男性的性格

善用斯坦佐效應

從座位看心理

有些男性參加重要會議或商談的時候，會**坐在靠近會議桌中央的位置**，這樣的人**有積極參與會議的心態**；至於刻意挑沒人的地方坐，主要是空曠的地方**容易吸引注意，可以彰顯自己的領袖氣質**。

座位和說服力互有關聯，同時也跟會議中發生的現象息息相關，美國心理學家斯坦佐發表過下列三種看法。①當一個人在會議上碰到與自己爭辯過的對象，會傾向坐在那個人的正對面。②當一個人結束發言，下一個發言的人，通常都是提出反對的意見。③主席的領導力薄弱，與會人士就會跟面對的人交談；反之，主席的領導力高超，則與會人士會跟身旁的人交談。

根據*斯坦佐效應的說法，**人類對自己正面相對的人比較敢提出反對意見**（狀況①）。當兩個人談話時不得不正視彼此，就容易產生敵對傾向（狀況②）。③則是說明，領導力較弱的人擔任主席，大家會肆無忌憚地跟眼前的人對話，遇到領導力強的人則會心生顧忌，只敢跟身旁的人對話。所以如果希望你的意見比較容易被大家接受，不妨找一個**支持你的人坐在正對面，等你發言完畢，再請支持者發表意見**。

***斯坦佐效應**　斯坦佐研究小團體的生態時，發現人類在開會或其他團體活動上有某些現象，因而推導出這樣一套結論。

各種開會或討論場面的心理狀態

人類會在無意間觀察彼此的距離，圍著同一張桌子入座也一樣。了解這樣的心理，就可以活用不同座位的效果，在重要的會談上無往不利，強化自己的領導力。

放鬆的談話場合

像聊天這一類的輕鬆場合，常會看到這樣的入座方式，短時間的閒聊多半也是用這種方式對談。

議論的場合

通常是談論重要事情，或是把對方視為競爭對手，才會用面對面的方式入座。交涉的時候，坐在背對窗戶的位置也很有效果。

關係親密或互助合作的場合

想要互相合作，或是突顯彼此感情良好的時候，就會用這樣的方式入座。當雙方要達成共同目的時，會坐得特別近。

關係不夠親密的場合

面對陌生人或不願交談的對象，會選擇距離最遠的對角線入座。

想要強化領導力的場合

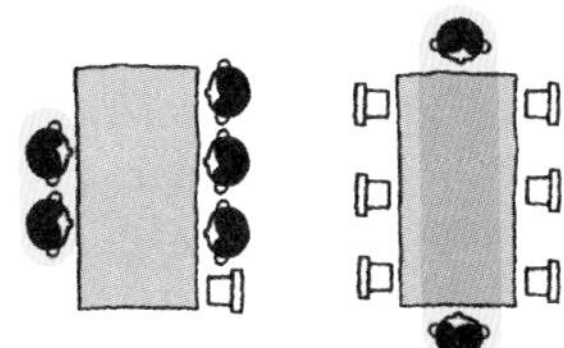

坐在人少的地方，有吸引注意力的效果，發言也更方便，而且還能綜觀全局。

積極參加會議的場合

選擇中央位置的人，性格外向積極，有意積極參與會議。

COLUMN 2

刺激男性購物欲望的行銷術

心理學在行銷領域也派得上用場，一些司空見慣的銷售方法，其實對人心有很強大的感召力。

行銷術 1

吸引男性的商品都與美女有關？

汽車展覽會上，一定少不了漂亮的香車美人。
明明是在宣傳商品的優點和性能，
為什麼一定要擺美女在旁邊呢？

名車和美女同台登場

對美女的印象
＝對名車的印象

對不同物品有近似的錯覺

有一種心理效應稱為**「聯想原理」**，男性看到美女會有亢奮的情緒，對商品的興奮情緒一旦和這種情緒連結在一起，有提升商品魅力的效果。所謂的聯想原理，就是把兩種不同的事物連結起來，利用這種錯覺讓商品顯得更有魅力。名車和美女乍看之下毫無關聯，這兩者會被放在一起，要的就是聯想原理的心理效果。

行銷術 2

不給看就越想看的「封頁」

當有人禁止我們去做某件事情，我們反而越想去做。
這並不是想故意唱反調，而是每個人都有的心理狀態。

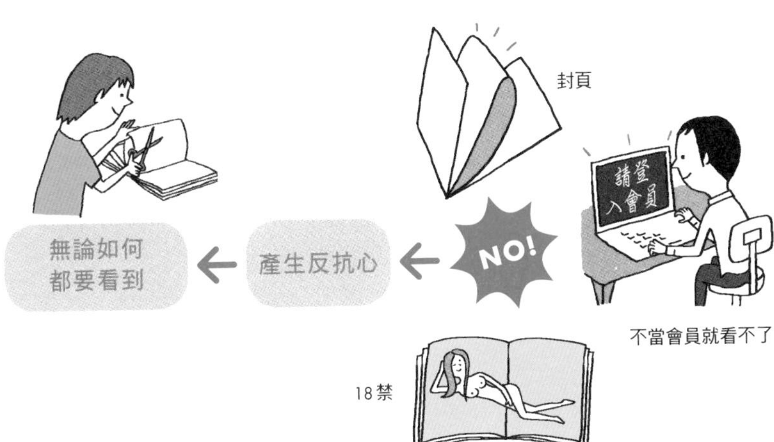

反抗心是購買的動力

近年來，許多女性雜誌都有附贈「特典」。相對地，男性雜誌從以前就有「封頁」，一定要買來拆開才看得到內頁，而「封頁」就是運用行銷術刺激消費者的購買欲。

人一旦被限制自由，就會產生反抗的心態，這種出於好奇心的反抗心態，稱為**「抗拒效應」**（P86）。

而反抗心誘發出躍躍欲試的心態，則稱為**「卡利古拉效應」**。換句話說，禁忌有一種莫名的魅力。利用禁忌效果刺激消費者的興趣，這樣的手法非常管用。

行銷術 3

對「專業規格」、「稀有限定」、「自組配件」、「復古風」等標語特別沒轍

男性競爭心較強，而且有潛心鑽研單一事物的傾向，
所以有些商品專門迎合這樣的傾向。
對女性來說可能太過講究的東西，對男性卻有很高的價值。

充滿優越感的
「稀有限定」

內行看門道的
「復古風」

與專家同化的
「專業規格」

風格獨到的
「自組配件」

喜歡「優越感」和「特別感」

男性有潛心鑽研單一事物的特質，因此特別喜歡「專業規格」的商品。使用跟專家一樣的東西，會有跟專家**「同化」**（▶P232）的感覺。另外，男性不只會自己組建物品，還相當擅長改裝，「自組配件」也是迎合這種特性的產品。

對競爭心強的男性來說，「稀有限定商品」這一類普通人沒有的東西，可以滿足他們的優越感。

再者，男性喜歡炫耀自己的知識，復古風商品有內行人才知道的典故，也很受男性歡迎。

各式各樣的行銷技巧

除了剛才介紹的行銷技巧，還有各種多樣的行銷花招。
這些技巧並不困難，而且都巧妙利用人性，尤其對刺激男性自尊心特別有效。

初始效應和新近效應

缺點→優點

新近效應

先說缺點，再傳達優點。消費者已經對商品有興趣，只是還下不了決心的時候，用新近效應特別有效。

初始效應

先說優點，再傳達缺點。消費者猶豫不決的時候，先說優點特別有效。

對比效應

CASE 1	CASE 2
A级1500元 B级1000元	S级2000元 A级1500元 B级1000元

比對不同的心理負擔，讓消費者以為其中一方的負擔較輕。比方說，CASE1和CASE2的A和B價格品質相同，但消費者比較容易購買CASE1的B，以及CASE2的A。CASE2還有更高價的S，因此A看起來比較剛好。

以退為進策略

一開始推薦電腦或周邊商品

接下來只推薦電腦

最後推薦價格適中的筆電

先提出較大的要求，再慢慢提出小要求，讓消費者覺得小要求比較妥當。由於消費者一開始拒絕過，之後就不好意思拒絕了。

標籤效應

當一個人被賦予某種既定印象，就會採取符合那種印象的行為。比方說，當有人覺得我們追求完美，我們就會買高價的商品來用。這種與眾不同的標籤，會刺激男性的自尊心，而且非常有效果。

廣告是行銷技術的寶庫

平常我們隨便看過的廣告，其實蘊含很多操弄人心的行銷技術，
就算是了無新意的廣告台詞或常見的用語，
還是有吸引人心的魅力。

浪潮效應

當一樣商品獲得廣大的支持，這種紅透半邊天的訊息，會讓商品本身看起來更有魅力。購買人氣第一的商品，可以刺激消費者的自尊心，讓消費者覺得自己很有眼光。

標籤效應

給消費者貼上「追求完美」的標籤（▶▶P97），這種廣告詞會讓消費者覺得自己是精明的內行人，激發他們的購買欲望。

全美人氣No.1的夾克
獻給追求完美的你
限量10件
*戶外休閒夾克
アウトドアジャケット
好萊塢影星愛用品牌

稀有性

商家限制消費者購買商品的權利，刻意引起消費者的不安。尤其男性有追求優越感的傾向，對於其他人得不到的東西特別感興趣。

月暈效應

月暈效應（▶▶P102）就是利用名人的支持，拉抬商品本身的價值，消費者會認為名人喜歡用的一定是好東西。

第3章

男性的戀愛心理

想跟許多女性交往

盡可能多留一些自己的基因和子孫！

上床對象不需要太聰明

美國心理學家巴斯對男女學生做過問卷調查，想明白他們跟異性交往時，對於異性的智能有多高的要求。

①你／妳希望長久交往的伴侶，至少要有何種程度的頭腦？

②你／妳希望約會一次的對象，至少要有何種程度的頭腦？

③你／妳希望上床的對象，至少要有何種程度的頭腦？

④你／妳希望一夜情的對象，至少要有何種程度的頭腦？

調查發現，男女對第一種狀況的要求相同，都希望伴侶有平均以上的智能；對第二種狀況的要求也一模一樣，希望對方要有平均程度的智能。不過，談到性愛的態度就不一樣了。女性在第四種狀況下，也希望對方有一定的智能，但男性在第三種狀況下，不介意對方的智能比約會對象（第二種）差。而且男性在第四種狀況下，差異更加明顯。換句話說，**若只考量上床的對象，男性多半不介意對方的智能不高**。

這個實驗結果顯示了男女在悠久的生存進化中，培養出了不一樣的性愛策略。根據*__演化心__

* **演化心理學**　這門學說假設人類的心理機制屬於一種生物學上的適應結果，主要是在演化的過程中形成的，這是研究人類心理的跨學科領域，又稱為適應主義心理學。

理學的說法，男性會提升自己的接受範圍，盡可能跟更多女性做愛，**替自己多留一點子孫**。

男女對性愛對象的要求不同

女性相對希望自己的性愛對象是足以保護自己和孩子的優秀男性，或者是誠實又充滿知性的男性，願意積極保護和養育家人。

也可以說，女性追求的是質量，而男性恰好相反，追求的是單純的數量。

男性容易被外表欺騙？

為什麼男性特別喜歡美女

外表對能力評價也有影響

據說，男性對美女很沒有抵抗力，那麼實際上外表到底對男性有多大的影響呢？

心理學的研究已經證實，外表是男性挑選戀人的重要因素。另外也有研究發現，美麗的**「外在」形象，對「能力」的相關評價也有影響**。

美國心理學家西格爾和藍迪做過一個實驗，讓男學生評鑑女學生撰寫的報告。報告上貼了女學生的照片，想藉此了解外貌是否會影響他們對報告優劣的判斷。同樣的報告內容只不過換了一張照片，男學生的評價就完全不一樣。

如果男學生覺得女學生的照片有魅力，則對報告的撰寫者和內容也會給予高度評價。

這種心理現象稱為「**月暈效應**[*]」，外觀美麗的**良好印象，會提升一個人的整體評價，人品和能力也比較容易獲得好口**碑。相信不少男性朋友，看到長相甜美又聰穎的女性，就覺得她們工作能力也不錯吧？

炫耀美麗的戀人來獲得優越感

男性喜歡美女，也跟他們特有的心理傾向有關係。在人際知覺的相關實驗中，曾經比較過美女會如何影響一個男性獲得的知性評價和好

＊**月暈效應**　當我們對人事物的其中一面有好印象（或壞印象），就會給予其他部份過高（或過低）的評價，屬於一種評價失真的現象。

感度，結果證實，有美女相伴的男性比沒有美女相伴的男性更容易獲得高度評價。換句話說，**漂亮的戀人可以提升男性的評價。**尤其**男性之間競爭心極強，有高人一等的欲望**，所以才會不經意地發揮美女的效用。

男性不只是單純被美麗的外表吸引，美女還能夠帶給男性優越感，這也是男性容易被外表吸引的原因之一。

月暈效應的事例

月暈效應的英文「halo」，是「光環」的意思。當我們看到開名車或有美女相伴的人，就會認為那個人很有魅力。

外表　身材高挑、體型勻稱的美麗外型，會吸引許多人的注意。研究證實，長相好看的人，能力也比較容易獲得正面的評價。

頭銜　光是看到「某某企業董事長」，就會給人一種能力高超的印象。

名門世家　出身名門的人，或是知名人士的小孩，會給人一種比普通人更優越的印象。

交友關係　認識名人或有錢人，有助於提升自身的評價。

還是名校畢業的
他是董事長的兒子耶

3

男性都喜歡年輕女子？

喜歡年輕女子是男性的生物本能

男性喜歡生育能力高的女性

想必有些人認為，**男性都喜歡年輕的女孩子**。當男性在尋找性方面的對象時，這樣的傾向又更加強烈，而且這是全世界共通的傾向，並非日本獨有。

那麼，為何男性如此喜歡年輕的女性？這是因為「年輕」是**衡量*生育能力的一大指標**。男性本能上會追求生育力較佳的女性，這跟男性特有的心理有關，「男性希望盡可能多留一些子孫和基因」。

男性只能從女性的外觀來判斷對方的生育能力究竟高不高，最顯而易見的判斷指標就是「年輕」，女性的生育能力在二十多歲達到顛峰，之後開始慢慢走下坡，多數女性到了五十多歲停經後，就幾乎沒有生育能力了。男性**本能想盡量多留下子孫**，所以才把年輕視為擇偶的標準之一。

想被保護的男性有增加的趨勢

最近有越來越多男性喜歡年長的女性，這種人很希望交往的女性照顧自己，成為自己的心靈支柱。而這樣的心願其實違背一般的傳統觀念，通常大家都認為男性應該關照女性才對，

***女性的生育能力**　女性年紀漸長，擁有生育機能的卵巢功能也會慢慢衰退，通常過了三十五歲，生育能力就開始下降了。

這可能是一種**類似戀母情結**（▶P146）的心態。

男性喜歡比自己小的女性，主要是想呵護柔弱的女性來滿足自尊心，選擇年長女性的人心態正好相反。現在景氣不好，對未來感到不安的男性有增加的趨勢。跟社經地位較高、人生閱歷豐富的女性交往，能夠滿足「尋求庇護」的欲望，這或許也是種必然的趨勢。

生育能力較佳的女性特徵

男性考量到生殖行為時，本能上會挑選年輕健康的女性，畢竟年輕健康是生育能力高的象徵。

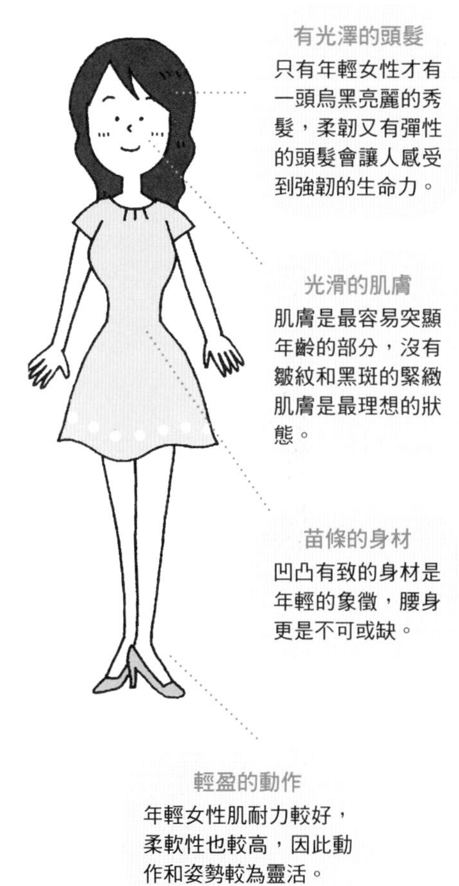

年輕的特徵
有光澤的頭髮
只有年輕女性才有一頭烏黑亮麗的秀髮，柔韌又有彈性的頭髮會讓人感受到強韌的生命力。
光滑的肌膚
肌膚是最容易突顯年齡的部分，沒有皺紋和黑斑的緊緻肌膚是最理想的狀態。
苗條的身材
凹凸有致的身材是年輕的象徵，腰身更是不可或缺。
輕盈的動作
年輕女性肌耐力較好，柔軟性也較高，因此動作和姿勢較為靈活。

男性喜歡巨乳和腰身的原因

充滿女人味的身材代表生育能力極高

健康又容易懷孕的女性很有魅力

大多數的男性都喜歡女性「前凸後翹」的性感身材。為什麼豐滿的上圍和纖細的腰身，如此具有魅力呢？

理由同樣跟**男性想要傳宗接代的本能**有關，女性的「身材」是迅速判斷生育能力的標準之一，因此男性習慣注意身材。

首先，**豐滿的上圍意味著營養狀況良好，給人一種健康的印象**；再者，緊緻的胸部更是「年輕」的象徵，這也是堅挺豐滿的胸部大受歡迎的原因。

至於**「纖細的腰身」則是*女性賀爾蒙分泌活躍的證據，雌激素這種賀爾蒙**，有刺激乳腺發育和燃燒腰部脂肪的作用，跟纖細的腰身有很大的關聯。女性在二十到三十多歲，賀爾蒙的分泌量較多，比較容易有纖細的腰身，這段期間的生育能力也特別好。突出的腹部脂肪，由於對健康有不良的影響，這也是衡量健康程度的一項指標。

換句話說，前凸後翹的身材是**「健康又容易懷孕」**的象徵，男性很容易被這種強烈的女性化特徵吸引。

＊**女性賀爾蒙**　對女性的生殖腺有很大影響的性賀爾蒙，其中雌激素有刺激乳房發育，以及形成第二性徵的作用，跟女性化的身材還有受孕的難易度有關。

強調男女雙方的差異

男性之所以喜歡女性豐滿的胸部和纖細的腰身，另一個原因可能是**「顯著的性別差異」**。

據說，性方面的魅力來自於兩性之間差異最大的部位；女性豐滿的上圍和纖細的腰身，跟男性的身材差異最大，因此這些部位會產生性方面的刺激和吸引力。女性也會積極利用這樣的效果，好比使用束腰或托高胸罩，佯裝凹凸有致的身材。

男性喜歡的腰臀比例

女性或多或少都有想要瘦一點的願望，不過太瘦也稱不上美麗，纖細的腰身和恰到好處的豐臀，其比例也非常重要。

美國心理學家西恩曾經做過調查，發現男性最喜歡的腰臀比例是0.7。西恩以這項結果比對電影女星、選美皇后、模特兒，證實她們的腰臀比也幾乎都是0.7。另外，不管是苗條或豐滿的女性，比例在0.7左右的話，都會受到男性的歡迎。

苗條　豐滿

0.7　1　0.7　1

只要比例是0.7都很有魅力

5

男性對心儀對象有何舉動

從眼神和動作就能看出是否有好感

非言語溝通隱含許多心理要素

除了語言，還有很多要素可以推測出一個人的情感和心態。例如，**表情、動作、視線這一類的非語言溝通手法**（▼P22）。一般來說，訊息傳遞者發出的**視覺訊息**（例如表情），比**語言訊息**（談話內容）或**聽覺訊息**（例如語氣）更容易影響到接收者，這樣的現象稱為**「麥拉賓法則」**（▼P82）。比方說，接收者尋問傳遞者，「聚會開心嗎？」如果傳遞者表情不悅，那麼就算他嘴上說開心，接收者也不會相信那樣的說法。

換言之，我們很容易從表情和語氣來判斷對方的情感，而不是從談話內容來判斷。反過來說，表情和說話方式這些「非語言」的部分，隱藏著許多解讀對方情緒的訊息。

在喜歡的對象面前會放輕鬆

那從什麼樣的非語言溝通行為，可以看穿一個男性的心動程度？

其中一個因素是姿勢，根據美國心理學家*麥拉賓的研究，**男性在心儀的女性面前，會放下其中一邊的肩膀，擺出比較放鬆的姿勢**。另外，**在喜歡的對象身旁時，男性也會很自然地把臉**

＊**阿爾伯特．麥拉賓**　生於1939年的美國心理學家，專門研究溝通上的情感傳遞，其著作《非語言溝通》有很高的知名度。

或身體面向對方。再來，跟心儀對象在一起時，男性的視線也是一大判斷依據。男性跟心儀對象交談時，會頻繁注視對方的雙眼，盡量跟對方四目交會。

除此之外，對話中頻繁使用的字眼，也能看出男性的好感。根據一份在美國公布的心理學論文，男性跟心儀的女性談話時，**經常使用第一人稱**。使用第一人稱可以更鮮明地表達心境，等於是在無意間彰顯自己。

如何看穿男性的好感

男性的非語言溝通很容易顯露出內在想法，如果男性有下列舉動，可能就是對妳有好感的證據。

姿勢放鬆

一想到喜歡的女性，或是實際碰面，其中一邊的肩膀會下垂。

臉龐和身體會面向對方

如果男性的臉和身體都面對妳，很可能對妳有好感。

頻繁凝視女性雙眼

經常凝視女性，不放過眼神交流的機會。

用第一人稱談話

積極談論自己，希望對方了解自己。

對不感興趣的女性有何舉動

從無心的動作解讀沉默寡言的男性

沒叫名字代表好感度不高

跟女性比起來，男性平時話不多，表情也不怎麼豐富，很難看出他們到底在想什麼。不過，利用心理學的研究成果來分析男性的態度和行為，就能知道他們的心思了。比方說，男性跟女性對話時，有沒有直呼女性的名字就是好感度的判斷基準。如果男性沒有直呼女性的名字，一開口只講要交代的事情，這代表對那位女性有厭惡感，或是不擅長跟對方相處，所以才不想直呼對方名字。根據美國加州大學金教授的研究，不會直呼彼此名字的情侶，在調查後的五個月以內，有百分之八十六會分手。

另外，女性朋友跟心儀的對象交談或碰面時，可以從對方瞬間的表情變化，看出他對妳的感覺。如果對方**眉心的肌肉抽動，那就代表不悅和厭惡感**。要是**對妳有好感的話，眼睛和嘴巴之間的肌肉會產生反應，嘴角會微微上揚**。人類產生好感或厭惡感時，表情肌會有反射性的動作，在刻意裝出笑容或撲克臉之前，會短暫顯現出真正的心情。

物理距離象徵心靈距離

除了語言和表情，還有其他方法衡量雙方的

＊**個人空間**　根據美國心理學家索默爾的定義，這是指個體的周圍，有一片圍繞著無形界線的空間，不允許他人入侵。

心靈距離。只要注意日常生活中，**彼此的物理距離**有多遠就好。每個人都有一條心理上的界線，當別人入侵到一定的距離內，就會刺激自我防衛本能，產生不愉快的感受。這種心理上的界線稱為**「*個人空間」**，個人空間的距離會隨著民族、性別、狀況而有差異，但雙方的關係越親密，相處的距離就會越近。比方說，兩個人圍著桌子談話，其中一方上半身後仰或是拉開椅子，這就是心理距離不夠親密。

男性對妳沒興趣的反應

男性對異性有好感時會發出訊息，反之亦然。如果男性有下列的舉動，可能就是對妳不感興趣的徵兆。

不稱呼妳的名字

代表妳的地位跟其他人一樣。

眉心抽動

人類聽到討厭或麻煩的事情，也會有皺起眉頭的反應。

拉開距離

身體距離相當於心理距離，拉開距離代表還有戒心。

對同性和異性的態度有落差

對同性有優越感，對異性則有「認知偏誤」

對同性有抗爭心和優越意識

男性容易對同性有**「競爭」**和**「對抗」**意識，在團體中也想成為領袖。因此，男性連日常小事都要競爭，遇到社經地位或能力比自己優越的同性，就會產生競爭和忌妒的心態，並且**摸索如何保持優勢地位**，來滿足自己的優越感。

請客就是男性用來獲得優越感的手段之一，這也是為什麼地位高的人請地位低的人吃飯，通常都是男性在做的事，女性比較少有這種狀況。請客等於在彰顯自身的經濟實力和社會地位，可以獲得優越感，實現自己理想的形象。

在職場上對女性嚴厲

有時候男性在女性面前，會保持高度自尊心，但比較少展現出「對抗」的態度，所以基本上男性對待女性，遠比對待同性溫柔。

只不過，在職場上就另當別論了。工作對男性來說，是自我實現和證明自己存在價值的重要活動。跟其他環境比起來，特別容易產生不一樣的心理傾向。

話雖如此，不少男性就算平常不會大小眼，一談到工作可能都不太想跟女性合作，也有人對女性積極參與社會活動抱持疑問的態度。**這**

＊**認知偏誤**　人在評鑑某項事物時，會受到觀察者的期望、成見、好惡影響，而做出偏頗的評價或決策，引起這種偏頗現象的原因，就稱為認知偏誤。

種人在職場上對待異性，有時候會比對待同性更加嚴厲。從這個例子我們不難發現，人在評鑑某個對象時，會朝自己期望的方向或是對自己有利的方向思考，這稱為**「*認知偏誤」**。

男性基本上對女性相當親切，但男性處理工作的態度嚴謹，對待女性也有可能產生競爭心或優越意識。

男性對待同性和異性的態度

乍看之下，男性對待同性和異性的態度，落差沒有女性來得大，事實又是如何呢？

對待同性

有出人頭地的欲望

認為請客是種美德

競爭心較強的男性，習慣把同性視為競爭對手。尤其，為了展現自己的社會地位比對方高，男性會做出請客的行為。

對待異性

男性會溫柔對待女性，不過男性很重視「工作」，一旦女性跟工作扯上關係，男性對待女性的態度，有時會比對待同性更加嚴厲。

8

容易遺忘紀念日

男性的「情節記憶」能力較弱

根據美國心理學家斯奎爾的說法，人類的記憶分為三大類，**「感覺記憶」**最多能記住一到兩秒的聲音或圖像，**「短期記憶」**則是只能維持二十秒的記憶，**「長期記憶」**就是長期保存的記憶。「情節記憶」算是一種「長期記憶」，包含了個人經驗、往事、過往的情緒等要素。腦部的「海馬迴」與「情節記憶」的形成有關，而**男性的海馬迴比女性小**。「情節記憶」較佳的女性對身邊的大小事都記得很清楚，男性則正好相反，這就是腦部性質造成的差異。

腦部差異對記憶力也有影響

男女的腦部結構有差異，對記憶力也有很大的影響。

最簡單易懂的例子，就是女性經常抱怨男性遺忘紀念日。女性不只記得紀念日，連過去的體驗都記得一清二楚。尤其開心和火大的記憶特別鮮明，女性經常提起往事，例如男朋友幾年前遺忘紀念日，害自己費心準備的大餐泡湯，這種事女性會一提再提。男性就比較少提起往事，這主要是男性的**「*情節記憶」**能力比女性弱的關係。

＊**情節記憶**　與個人經驗或往事有關的記憶，會把過往的時空場景，還有以前的感情當成一種經驗來記憶，情節記憶的形成與海馬迴、前額葉皮質有關。

感情起伏的強度會強化記憶力

腦部的邊緣皮質和情緒波動有關，女性的邊緣皮質比男性大，這也是普遍認為女性感情較為豐富的原因。「情節記憶」是包含感情的記憶，因此感情起伏較大的女性，情節記憶也更為鮮明。

撇開腦部性質的差異不談，女性也喜歡訂下各種紀念日，好比認識一周年紀念、交往一周年紀念等等，這也是男性記憶更加錯亂的原因。

男女的記憶力差在哪裡？

為什麼男性的記憶力不如女性？這種不可思議的現象和腦部構造有關。

女性記憶力較佳的理由

- **海馬迴比男性大**
- **女性賀爾蒙能活化海馬迴**

長期記憶

訊息集中到海馬迴以後，經過短時間保存，再傳送到顳葉長期保存。

●語意記憶
經過學習後獲得的「知識」記憶。

●情節記憶
自己體驗過的往事，包含時空場景等非語言的要素。

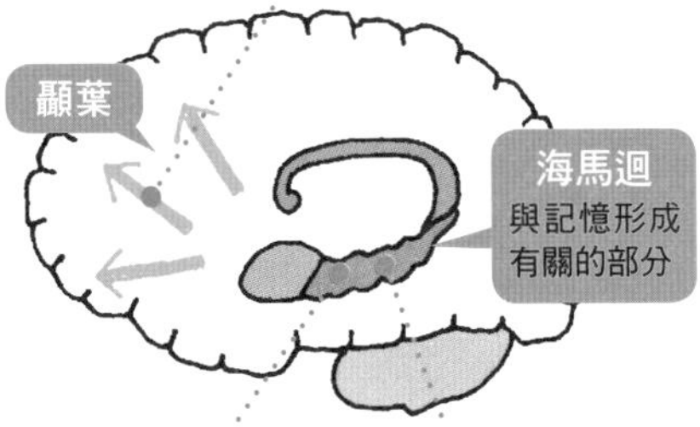

感覺記憶

能記住一到兩秒的外部刺激，例如視覺影像。

短期記憶

集中到海馬迴短期保存的記憶。

懶得陪女性逛街

女性購物的方式會帶給男性壓力

討厭沒有明確目標的購物方式

對女性來說，四處閒逛、走馬看花是一件開心的事情。可是，男性不喜歡陪女性逛街。例如情侶一起出遊逛街，女朋友開始看衣服和雜貨，男朋友就想先到其他地方打發時間，等女朋友看完再集合。

根據英國心理學家*路易士的研究，男性不得不陪女性去購買繁雜的聖誕禮品時，承受的壓力幾乎不下於鎮壓暴動的警察。

男女的精神構造差異，也間接影響到購物方式的不同。男性購物的時候，會**根據目的採取明確的行動**；女性那種走馬看花的購物方式，男性根本無法樂在其中。

最主要的原因在於，**男女的腦部發育和運用方式不同**（▶P18）。「胼胝體」和「前連合」是連接左右腦的神經纖維束，女性的這兩個部位比男性大，左右腦之間的訊息往來較為順暢。女性可以一口氣使用左右腦的較多領域，擁有一心多用的能力。相對地，男性**傾向集中在一件事情上**，所以不喜歡走馬看花到處亂逛，被帶去逛街會覺得很累。

＊**大衛・路易士**　英國心理學家，「The Mind lab」的創辦人，專門研究用心理學的知識解決日常生活中的問題，之後該研究所轉變為顧問公司。

明確的目標會激發集中力

男性不喜歡陪女性逛街，但這不代表他們討厭購物血拼。只要有具體的目標或目的，男性也願意花很長的時間尋找商品。再者，**男性喜歡分析，也擅長列舉各種商品來進行比較**。

像家電或電子商品的機能差異顯著，男性就很擅長比較挑選。反之，時髦服飾具有多樣化的特性，男性就比較不擅長挑選了。

男女大不同

購物方式的差異

為什麼男性覺得陪女性逛街很麻煩？因為男女購物的「目的」不一樣。

男性

男性外出購物的目的，就是要買到商品。基本上，男性去購物只會對自己需要的商品感興趣。況且，男性比較擅長運用右腦，走馬看花的購物方式資訊量太多，吸收起來太困難。

女性購物不只要達成目的，同時會瀏覽各種東西，從大量的資訊中挑選最棒的商品。女性比較擅長運用左腦，購物時會發揮邏輯和語言能力，好比參考店員的意見來買東西，女性也很擅長吸收大量的資訊。

為何交往前後的態度有落差？

魚餌到底是為誰撒的？

投資人際關係要獲得報償

很多女性對男朋友的態度落差相當不滿，明明交往前溫柔體貼，經常出門約會，也不會忘了送禮，怎麼交往後就偷懶了呢？為何多數男性交到女朋友以後，對待自己的戀人有如此大的轉變呢？

這是因為多數男性，都是用*＊***交換理論**的思維來決定待人處事的態度。交換理論是用成本和報酬來解釋人際關係的，所謂的**「報酬」是指跟對方交往能滿足的需求，「成本」則是交往要耗費的時間、勞力、精神力**，彼此互相交換成本和報酬，藉此建立和維持關係。

男性剛和女性交往的時候，願意花費時間和金錢帶女性逛街、買禮物，主要是想得到對方的關係。乍看之下，這是喜歡對方才樂於付出時間與金錢，其實不過是**為了滿足「得到戀人」的需求所付出的「投資」**罷了；男性會在無意間，期待自己的投資獲得回報。至於已經到手的對象，就沒有繼續投資的必要了。反正追加投資也不會有更多報酬，結婚以後雙方關係穩定，那就更不可能投資了。

結婚後追求的是家庭的充實感

＊**交換理論**　以「報酬和成本的交換」來解釋人際關係的理論，人類處理人際關係時，會盡量用最少的成本來換取最大的報酬。

男女交往的時間一久，或是踏入婚姻階段以後，男性的態度就會產生轉變，而且會改變對方在自己心中的地位。交往前的女性是「值得追求的獵物」，交往後就會變成「自己的所有物」或是「跟自己同一國的對象」（如家人）。

換言之，男性認為女性已經屬於自己，沒必要多做投資。「與其追求個體的滿足感，不如追求一起成家立業的滿足感。」女性朋友用這樣的角度來想，或許就比較能接受了。

男性對另一半的真正想法

一旦交往就會改變態度，其實跟男性真正的想法有關。

交往前或剛開始交往

- 會頻繁聯絡
- 會頻繁約會
- 該送的禮物不會少

……

↓

因為想得到對方

交往後

- 約會次數變少
- 遺忘紀念日
- 吃女友煮的菜也不會表示讚賞

……

↓

已經達到「交往」的目的，不必繼續投資

剛開始交往的時候，表面上會為了對方盡心盡力，其實這都是為了滿足成就動機（▸▸P29）所做出的投資。

其實男性比女性善妒

內心有鬼的男性對女性外遇的可能性特別敏感！

對男女關係抱有猜忌

一般人都認為，男性天生喜歡拈花惹草，女性則忌妒心深重，稍微發現一點外遇的跡象就歇斯底里。

事實上，心理學的實驗已經證實，**男性比女性善妒**。

實驗內容是找來一個第三者，觀察一對男女交談的狀況，分析這對男女的關係如何。男性觀察者和女性觀察者，要分別對這樣的情境做出評價，而男性觀察者多半認為，談話的女性似乎在誘惑男性，而且在性方面較為開放。當男性看到一男一女共處，就算那對男女沒有特別的關係，也會**懷疑他們有戀愛關係或性關係**。

另外，也有人調查男女對另一半外遇會有什麼反應？據說，真正會有激烈反應的多半是男性。女性雖然也會忌妒，但至少還願意修復彼此的關係，男性則不願意原諒妻子，**寧可斷絕彼此的關係來保護自尊心**。

將自己的欲望投射在他人身上

至於積極追求女性的男性，或是外遇念頭較強的男性，其實也特別善妒。

這跟心理學中的**「＊投射」**概念有關，這種人

＊**投射**　剔除自己不願意承認的感情或欲望，認為那是別人才有的感情。屬於自我防衛機制，用來調適糾結或不安等心理上的痛苦。

會壓抑內心的欲望，以為別人也一定有同樣的念頭。

打個比方，女友說要跟其他男性友人去喝酒，不少男性都無法接受。因為他們心中有誘惑其他女性的欲望，因此認定其他男性也有同樣的想法。

就算女友表明那些人只是普通朋友，男性也會心生猜忌。他們會想像其他人跟自己一樣瘋狂追求女友，擔心女友外遇。

確認男性忌妒的程度

善妒的男性通常有以下幾項特徵，符合好幾項特徵的男性，最好注意一下。

- ☐ 朋友不多
  朋友不多的男性，容易依賴自己的伴侶。當伴侶跟自己以外的人出門，就會感到不滿。
- ☐ 喜歡用批判的方式分析別人
  習慣對熟人或路人指指點點，倘若都是批判性的內容就要特別留意了。
- ☐ 不喜歡伴侶的女性朋友
  認為伴侶的好朋友，會把自己的伴侶奪走，忌妒對象不分男女。
- ☐ 無時無刻都跟伴侶有肢體接觸
  在其他男性的面前，也會觸摸自己的伴侶，向別人宣示那名女性屬於自己。
- ☐ 曾經有慘烈的分手經驗
  如果一個人經歷過慘烈的分手，可能當事人自己也有責任。性格成熟圓融的人，比較不會有這樣的經驗。
- ☐ 動不動就生氣
  要特別小心容易生氣的人，善妒的人一動怒就會指責伴侶。
- ☐ 在伴侶的父母面前裝好人
  這種人精於算計，會在對方的父母面前裝好人。跟對方的家人相處，也會思考該用什麼態度應對。

男性是外遇慣犯？

雄性本能容易導致外遇發生

外遇的各種心理原因

有句標語是這麼說的，「男性是花心的動物」，這代表男性拈花惹草，幾乎已經成為一種社會共識了。外遇的人會受到社會制裁，加重本身的經濟負擔，為什麼男性還是忍不住要偷情呢？

外遇有幾個心理因素，其中一個是「**遊戲心態**」，也就是像打獵一樣，想嘗試攻陷女性的樂趣。也有人反覆一夜情，純粹是想滿足**好奇和冒險的心態**。

「**害怕跟特定對象建立深厚關係**」算是比較麻煩的狀況，有的人內心害怕人際關係，不敢跟特定對象深入交往，所以交往也是淺嚐即止，然後反覆外遇。還有一種是「**青鳥症候群**」（▶P217），這種人交了女朋友或結婚以後，依然想到外面尋找更理想的對象。他們無法認清現實與期望的落差，凡事缺乏主見，是性情幼稚的男性常有的問題。另外，自卑情結嚴重的男性，害怕自己有一天會被拋棄，所以寧願在被拋棄以前，搶先尋找其他愛情。

男性想跟許多女性性交的原因

歸根究柢，誘發男性「外遇」的主因，跟「**雄

＊**物種延續**　物種是生物分類上的基本單位，考量生物演化的情境，這種概念和理論認為，生物採取的行動是為了延續物種。

性的*「**物種延續本能**」有關係。根據演化心理學（▶▶P100）的說法，男性在本能上有一種「**想要留下更多後代和基因**」的欲望。換句話說，男性想要盡量跟更多女性性交的欲望特別強，明知外遇風險奇高，還是會順應本能外遇。再者，男性跟女性性交以後，會產生「這個女性屬於我」的征服感和占有欲。為了多品嘗那種感覺，男性會追求下一個目標，去認識不一樣的女性。

外遇的類型

容易外遇的男性多半是自戀狂，自戀傾向強烈的人，認為自己就算為所欲為，大家也會包容自己。

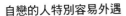

什麼樣的人容易外遇

↓

自戀的人特別容易外遇

自戀人格常見的六大特徵

1. **妄想**：對成功、權力、美好事物抱有幻想，希望出人頭地、腰纏萬貫。
2. **誇大**：誇示自己的能力，覺得自己比別人優越。
3. **特權意識**：覺得自己與眾不同，認為別人對自己好是理所當然的。
4. **壓榨**：為了金錢和利益，連朋友都能利用。
5. **自我中心**：只顧自己，有好處都想獨占。
6. **傲慢**：對待其他人態度桀傲不遜，不懂得感謝。

分手後還是藕斷絲連

男性不擅長減輕自己的痛苦，會一直耿耿於懷

悲傷辛酸往肚裡吞

女性比較容易表現出分手的傷痛，好比大哭一場，或是跟閨密聊到天亮等等。然而，男性沒表現出傷痛，不代表精神力就比女性堅強。

英國社會學家帕特利，曾經調查一千名十八歲到二十三歲的未婚男女，發現**男性失戀後承受的打擊遠比女性大**。主要原因在於，女性除了情人，還有親朋好友這一類比較親密的人際網絡；相對地，**男性對朋友也有競爭意識，所以悲傷也得自己承受**。

男性有獨自思考問題的傾向（▼P50），所以不擅長**自我揭露**（▼P169），不會對自己的好朋友坦露心聲，也不會輕易示弱。男性無法訴說分手的痛苦，只能把感情深埋心中，負面情緒也就遲遲無法消化。

因眷戀而變成跟蹤狂

經歷慘烈的失戀或離婚後，失去愛情和依賴的對象，就會誘發心理上的壓力。女性在這樣的情況下，懂得跟親朋好友自我揭露，持續傾訴自己的心情，利用好友的鼓勵來減輕心理壓力。透過傾訴的過程，可以整理自己的情緒。

這種減輕悲傷的心理過程稱為**「*哀悼」**，男

＊**哀悼**　失去愛情或依賴的對象後所產生的心理反應程序，又稱為「哀傷復原」，從失去到重新振作分為許多階段。

性比較不擅長表達情感，跟女性相比這個過程進行得不太順利。

由於無法順利表達情感，一旦持續被負面的情緒支配，就有可能陷入危險的心理狀態。有些人會變成「跟蹤狂」，順從自己的欲望行動，毫不顧慮對方的心情。

跟蹤狂的類型

會成為跟蹤狂的人多半有心理問題，他們只順從自己的欲望行動，不會顧慮對方的感受。

挫折類型

在戀愛或友情關係破裂後，依然迷戀對方。

妄想類型

對陌生的對象抱有妄想，單方面喜歡上對方。

追星類型

看到電視或雜誌上的明星藝人，就產生各種妄想。

憧憬類型

對景仰的老師或上司心生愛慕。

破婚類型

夫妻關係瓦解後，依然迷戀對方。

容易誤會女性對自己有意思

男性會過度解讀女性親切的態度

女性的舉止別有深意？

「下班跟男同事一起去喝酒，喝完酒竟然就邀我去開房間？到底在想什麼啊！」、「那個女同事很感謝我提供的建議，跟我一起去喝酒也表現得很開心，而且還邀我改天再一起喝酒，我才會以為她ＯＫ啊！」

這種男女觀念落差鬧出來的麻煩和笑話，其實屢見不鮮。通常都是男性自己想太多，過度解讀女性的言行舉止，男性如果對女性的態度有好印象，就容易解讀成**「誘惑」**或**「*性方面的行為」**。

美國大學做過的心理實驗，也證實了男性有這樣的傾向。研究人員找來兩百名男女，讓他們觀看十分鐘的錄影帶，內容是一位女學生造訪男教授的研究室，懇求男教授寬限報告繳交的期限，並要求每個人看完影片後，解讀片中女學生行為的目的。

基本上，大多數人都認為女學生對待教授的態度友好，但男性認為「女學生在賣弄風騷、誘惑教授」的比例比女性高。換句話說，女性光是表現出親切的態度或笑容，男性就會期待更進一步的關係，**誤以為對方對自己有好感**。

***性方面的行為**　跟性行為沒有直接關連，但是會讓人聯想到誘惑和性行為的言行舉止。

個人空間差異所造成的誤會

「個人空間」（▶P111）是一種心理的界線，男女對個人空間的認知差異也容易造成誤會。當別人闖入我們的心理界線，我們就會感到不愉快，而通常**男性的個人空間範圍比較大，女性則比較小**。因此，有時候女性覺得適當的距離，對男性來說已經是親密距離，這也是男性誤以為對方喜歡自己的原因。

容易造成誤會的情境

對女性來說沒有特別涵義的舉動，看在男性眼中卻有不一樣的解釋。

職場上
我每天都跑
五公里喔！
是喔，
好厲害喔！
每次都講這個……
他是前輩，
我又不能不給面子。
她總是聽我講，
一定是對我有意思吧！

女性可能只是客套陪笑，男性卻誤以為女性對自己有意思。

私底下

我知道一間
不錯的酒吧，
要一起去嗎？

好啊！

去知名的酒吧，
就可以跟朋友
炫耀了！

她願意跟我一起
去喝酒，那我可以
期待後續發展囉？♥

男性的重點放在兩人單獨去喝酒，女性同意後，男性還會期待更進一步的發展。

15 為什麼動不動就想上床？

腦部構造差異導致男女雙方對性觀念不同

男女對性愛有不同目的

在一般人的觀念中，男性上床追求的是快感，女性追求的是愛情。這種價值觀的差異，也算是男女爭議的一大主因。

演化心理學（➡P100）可以說明男女對性觀念的差異，**男性上床時重視的是射精，留下自己的後代和基因**。而對女性來說，跟有能力保護自己和子女的優秀男性上床，維持雙方的關係才是重點。因此，女性重視的是在性愛發生前後，能否從對方身上感受到愛情。

男女雙方這種本能上的差異，也呈現在腦部的構造和運作上。腦部的下視丘控管人類的本能行為，號稱腦部的性愛中樞，這個部位會受到**睪固酮**（➡P20）等賀爾蒙刺激，產生想要上床的欲望。男性的下視丘比女性大，睪固酮的分泌量也高出十到二十倍。這種**腦部的運作機能，也跟男性有強烈性衝動有關**。

由此可見，男性的性欲之所以比女性強，主要跟性愛的目的或本能有關。女性認為男性動不動就想上床，純粹是覬覦自己的身體；而在男性的觀念中，性和愛的關聯沒有女性來得直接，男性是基於本能追求性愛。

＊**佛洛伊德的心性發展階段**　佛洛伊德把人類從小到大的性成長過程，分為五個階段。每個人都是跨越這五大階段，慢慢長大成人的。

心理學對性衝動的看法

精神分析學的始祖*佛洛伊德對「性衝動」有一套很知名的論述——**人類心中有所謂的潛意識，潛意識的性衝動對日常生活的心理狀態大有影響**。佛洛伊德認為幼兒也有性欲，而且還區分口腔期、肛門期、性器期、潛伏期、性愛期。這些階段的性欲能否獲得滿足，對未來的人格形成也有影響。

男性對約會和性愛的觀念

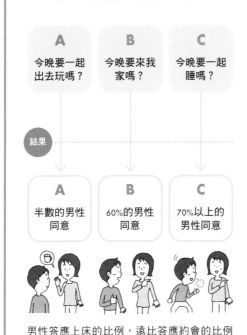

美國心理學家克拉克做過一個實驗，調查男女對約會和性愛的觀念有何落差。

實驗內容

1. 在校內尋找落單的男性，讓女學生上前告白「我仰慕你很久了」。
2. 接著對複數的男性提出幾個問題。

A	B	C
今晚要一起出去玩嗎？	今晚要來我家嗎？	今晚要一起睡嗎？

結果

A	B	C
半數的男性同意	60%的男性同意	70%以上的男性同意

男性答應上床的比例，遠比答應約會的比例高。順帶一提，女性有一半答應約會，但沒有答應上床。

16

上床後態度變冷淡

達成目的後容易移情別戀

美國總統也羨慕公雞？

男性上床之前，會積極跟女性打情罵俏，但上床後倒頭就睡，連對話都嫌懶。相信不少女性對此都頗有怨言吧？

這種現象並非日本獨有，美國第三十任總統卡爾文．柯立芝跟夫人一起視察農場時，留下了一段很有名的趣聞。

當時夫人在雞舍看到公雞和母雞交配，飼養人員說「公雞一天會交配幾十次」，夫人叫飼養人員把這件事告訴她丈夫。

飼養人員告訴柯立芝後，柯立芝問道，「那隻公雞每次都跟同一隻母雞交配嗎？」飼養人員回答，「公雞每次都跟不同的母雞交配」，於是柯立芝又叫飼養人員把這件事告訴夫人。

這個故事衍生出所謂的「*柯立芝效應」，意思是有伴侶的男性看到其他有魅力的女性，同樣會感到興奮，產生見異思遷的念頭。

根據心理學的調查顯示，男性確實比較容易移情別戀，把注意力放在新的對象上。

男性的性衝動

某位心理學家做過調查，有不少男性表示，還沒上床時他們覺得女伴很有魅力，但上床以

＊柯立芝效應　意指新的雌性會帶給雄性性衝動，源自美國第三十任總統卡爾文．柯立芝，在視察農場的雞舍時留下的趣聞。

後就沒有這種感覺了。由於女性必須生育小孩，因此傾向跟上床的男性建立長久關係。相對地，男性會受到**性衝動的影響，比較不嚮往建立長久的關係**。

男性在上床之前會覺得女伴很有魅力，達成上床目的以後就興趣缺缺，想要尋找更有魅力的女性。

男女大不同　上床後的感情

跨越那一道親密的界線，對女性來說是很特別的事。女性以為男性也有同樣的想法，但事實不然。

男性

那個新企劃案挺麻煩的……啊、明天有歡迎會。

- 性愛中樞（下視丘）較大
- 睪固酮（一種男性賀爾蒙）分泌量較多生理衝動

生理衝動

↓

達成目的後注意力會轉移到其他事物上

女性

Z
Z
Z
跟這個人結婚的話，會組成什麼樣的家庭呢？

- 催產素（一種女性賀爾蒙）分泌量較多

性興奮會帶來安心感

↓

希望維持長久的關係（Only You & Forever）

男性把戀愛和結婚分得很清楚

戀愛時給女性主導權，結婚時則掌握主導權

談戀愛和結婚的擇偶基準不一樣

「年輕的時候追我的人很多，等我想婚了，好男人都被搶光了，沒有好的對象來追求我，怎麼會這樣啊？」

相信有女性讀者也有上面的疑問吧！因為男性對「談戀愛」和「結婚」的**擇偶標準，落差比女性要來得大**。

談戀愛對男性來說比較接近「消遣」，選擇對象時多半是看外貌或選擇開朗性格。換言之，性感又愛玩的女性特別有魅力。但在挑選一生相伴的對象時，**個性*貞潔穩重，而且有守護家庭的智慧和性格才是首選**。

女性挑選戀愛對象和結婚對象的差異比較沒有那麼大，就算只是談戀愛，只要上床就有懷孕的風險，所以沒辦法跟男性一樣把交往當成「消遣」。女性談戀愛或論及婚嫁時，都希望找到一個優秀又有責任感的對象，長相廝守。

結婚主導權在男性手上

因為這樣的心理因素，兩性談戀愛和結婚時，掌握的主導權並不相同。

談戀愛時，男性想盡量跟多一點的女性交往，同時追求複數對象的情況並不罕見。所以有選

＊**貞潔**　結婚後不會跟丈夫以外的男性發生性行為，能夠克服各種誘惑和困難的狀態。

擇權的女性，多半握有主導權。好比約會或旅行要去哪裡、要吃什麼、要看什麼電影，通常都是女性決定。

可是，**論及婚嫁時男性握有主導權，主要原因跟經濟能力**有關。考量到生產和養育子女的問題，通常男性的經濟能力比女性要好。女性會尋求經濟能力較好的對象結婚，畢竟經濟好代表更為可靠，所以財力雄厚的男性通常競爭力較佳。

戀愛和結婚的差異

乍看之下，談戀愛和結婚都是跟自己心愛的人在一起，但結婚並非戀愛的延伸。

談戀愛和結婚是不是同一回事？

回答「不同」的男性佔了將近7成，女性則佔56%。換言之，男性比較不認為談戀愛和結婚是同一回事。

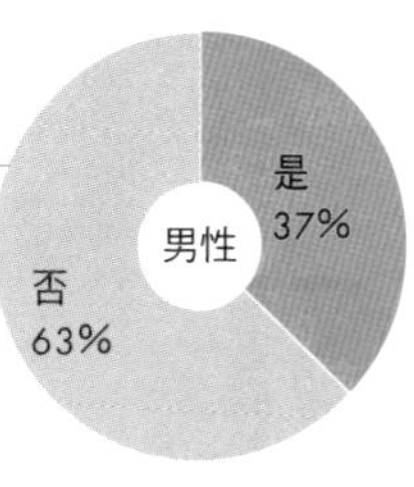

是不是有愛就能克服萬難？

認為有愛就能克服萬難的男性佔了將近4成，但多數人不這麼認為，所以才要仔細挑選結婚的對象。

男性
是
37%
否
63%

↓

結婚要考量家人和女方的關係，同時還要管理家計。為了追求圓滿的婚姻生活，男性會挑選配合度較高，願意陪自己克服萬難的女性。

※源自BIGLOBE戀愛與結婚調查（調查對象為十多歲到六十多歲的男女）

18

受女性歡迎的類型

努力提升好感度，不依賴個人魅力

討好女性的各種方法

最受女性歡迎的男性主要分為兩種，一種是「長得帥」，另一種是「社經地位夠高」。不過，有的男性不屬於任何一種，卻接二連三交到很有魅力的女朋友，這種男性的魅力就在於「勤奮」，為何勤奮稱得上是魅力呢？

勤奮的男性會用各種手段來追求女性，隨便舉幾個例子。①頻繁打電話或傳簡訊。②在女性生日或其他重要節日，懂得送一些不會太沉重的禮物。③會細心觀察女性的髮型或服裝變化，適時給予稱讚。

用各種方法逗女性開心，這種戰略也很符合心理學的論述。雙方碰面的次數越多，對彼此的了解越深厚，也比較容易提升好感度。這在心理學稱為**「*熟知性原理」**，雙方頻繁地碰面交談，女性才會覺得男性是「自己人」，對男性的行為給予正面的評價。這又稱為**「*自我涉入效應」**。努力提升好感度，無形中就會成為特別的存在。

運動員的魅力

除了「勤奮的男性」以外，「運動員」也是特別受歡迎的類型。女性喜歡運動員，主要有

＊**熟知性原理**　越了解對方內在就越有好感的現象，一開始不認識對方的時候，因為不了解對方而感到不安。等了解對方以後，不安的情緒逐漸降低，相較下更容易提升好感度。

以下兩種原因。

第一個原因跟**女性「想要留下優秀後代」的本能**有關。運動員的體格、體力、精神力都比一般人強韌，**比較有機會生下「優秀的後代」**。

第二個原因是，女性在幫運動員加油打氣的過程中，會刺激自身的母性本能。加油打氣這件事跟養育子女有異曲同工之處，除了是一種充實的行為以外，跟運動員在同一個競技會場品嘗運動的刺激，女性會產生一種連帶感。女性在亢奮的狀態下，特別容易喜歡上對方。

討好女性的「勤奮」要點

能夠輕易做到下列幾點的人，非常清楚如何逗女性開心。只不過，這些行為很講究距離感和時機，算是比較難拿捏的部分。

POINT 1

定期聯絡、碰面

頻繁跟對方連絡，邀請對方出來玩，容易獲得好感，這又稱為「熟知性原理」。

POINT 2

獲得善意回應一定會說出感想

女性做出回應以後，會希望男性說出感想，稍微表達一下感想，就能帶給女性好印象。

POINT 3

記得女性喜歡的東西

贈送女性喜歡的物品，女性會很高興你記得她喜歡的東西，以及你送禮的心意。

POINT 4

記住重要的節日

跟贈送喜歡的物品一樣，女性會很高興你這麼有心。

＊**自我涉入效應**　把某個對象當成自己人，或是把某件事當成自己的本分，認定那是與自己有關的事物。與自己的關係越深厚，則關心的程度就越高。

在男性眼中「男女友情」是否成立？

男性強烈的性欲會妨礙友情？

友情確實存在

男女之間是否存在友情？這個問題在各種情況下被拿來廣泛討論，贊成派和否定派各有定見，卻始終沒有明確的結論。現在有心理學的研究成果，解決了這個長年來的疑問。

美國心理學家布蕾絲・瑞切，曾對八十八組大學的異性友人做過問卷調查。結果證實，不管男女雙方有無戀人，男性深受異性友人吸引的情況，遠比女性高得多。相反地，已經有戀人的女性，幾乎不會想跟男性朋友交往。接下來，布蕾絲又找了一百〇七名十八歲到二十三歲的年輕人，以及三百二十二名二十七歲到五十五歲的青壯年，來做問卷調查。不管哪一個年齡層的人，**都嚮往異性之間的「友情」**。多數年輕人表示，異性的性魅力是妨礙雙方友情的一大原因。尤其男性多半認為，**感受到異性好友的魅力是一大負面因素**。從這點我們不難發現，當男性感受到異性好友的魅力，除非那股魅力不足以妨礙「友情」，否則男女間的「友情」是不成立的。

好感和愛情的差異何在？

戀愛情感是不是比較強烈的好感？還是完全

*＊**愛情與好感量表**　愛情與好感量表各有三大項目，愛情量表分別為「親和、依賴需求」「援助傾向」「排他感情」；好感量表則有「好意傾向」「尊敬傾向」「類似傾向」。*

不一樣的情感？

美國心理學家魯賓認為**戀愛和好感有別**，因此收集了大量數據研究戀愛情感。他製作了所謂的*****愛情與好感量表**來進行實驗，每個量表各有三種項目。

實驗內容如下。魯賓找來戀愛中的情侶，讓他們用愛情和好感量表來評鑑自己的戀人，同時也讓他們用同一份量表，來評鑑自己的好友。對於自己的心上人，愛情和好感量表的評價都不錯，但結果顯示**好感和愛情是不一樣的感情**。

愛情和友情的差異

有時候我們碰到感興趣的異性，卻不曉得自己的心意是好感還是愛情。美國心理學家魯賓提出了愛情與好感量表。

好感量表

好感
喜歡對方的為人處事。

尊敬
有值得尊敬的部分。

相似
有共同的興趣或嗜好。

＋ 有上面三項，再加上下面三項的話，就很有可能是「愛情」而非「友情」。

愛情量表

親和、依賴
想跟對方在一起，沒有對方會感到痛苦。

援助
願意為了對方犧牲。

排他
獨占，想要占有對方。

男性惺惺相惜的理由

對英雄的嚮往能平復內心的糾結

英雄願望象徵內心的糾結

男性對同性抱有好感的理由千差萬別，可能是看在對方待人誠懇、意志堅定，或才高八斗等等。而在體壇或商場這一類競爭激烈的環境下，更容易產生強烈的嚮往。例如領袖帶領眾人突破萬難，在競爭中獲得勝利，這對男性來說是一種非常真實的**英雄形象**。男性從小就嚮往「英雄」，不少男性長大後依然有同樣的嚮往。

男性嚮往英雄最主要的原因，跟心理學談到的*****防衛機制**「**同化**」（▶P232）有關。當一個人遭遇挫折，內心產生強烈的糾結時，會在無意間發揮調整機制，來尋求內心的安定與調和。佛洛伊德稱呼這種行為是「**防衛機制**」（**適應機制**），具體作法有壓抑和投射等十幾種類別。「同化」便是其中一種，也就是把自己當成嚮往的英雄，藉此消除自己遭遇的煩惱和痛苦。

給旁人添亂的英雄症候群

對英雄的嚮往能成為敦促自己進步的動力，但英雄願望太過強烈，有可能會惡化成「**英雄症候群**」（Heroic syndrome）這種不健康的呈現方式，請多加留意。

「英雄症候群」是指失衡的行為或精神狀態，

*** 防衛機制**　在遭遇挫折後無法適應社會環境，會自行產生新的適應機制。有壓抑、退化、投射、同化、昇華等十多種具體行為。

通常英雄願望或自我表現欲極強的人，容易有類似的毛病。比方說在發生重大問題時，有英雄症候群的人會受到正義感驅使，刻意去淌與自己不相干的渾水，對其他人發號施令，或是介入相關的活動中。可是，他們的用意純粹是想表現自我，因此行為缺乏計畫性，也不懂得顧慮旁人感受，反而會讓現場更加混亂。平常得不到正面評價的人，較有可能罹患英雄症候群，這是一種逃避現實的作法。

英雄症候群的例子

英雄願望太過強烈，就可能惡化成英雄症候群。想要追求完美形象的願望太過扭曲，就會做出自我表現欲太強的行為。

自導自演

例如自己先縱火，然後當第一個通報的防災英雄。這種人認為自己阻止火災發生，是貨真價實的英雄。

在網路上判若兩人

利用網路的匿名特性，佯裝成一個自己嚮往的形象，通常都是裝成強悍又有攻擊性的自我形象。

把正當的事物斷定為邪惡

凡事跟自己觀念不符的東西，就算已經獲得法律認可，也會視為「邪惡」。並且以扭曲的「正義感」進行妨礙。

↓

自我表現欲所引發的行為

英雄症候群的原理，純粹是出於自我表現欲，不是像真正的英雄那樣樂於犧牲奉獻。有英雄症候群的人，很少獲得旁人的評價，因為想要得到認同，才嚮往英雄。

COLUMN 3

吸引男性的方法

當妳有心儀的對象，該如何吸引對方的注意呢？什麼樣的追求手法比較有效——？使用下列幾種方法，或許能廣收奇效。

強硬一點的追求方式比較好？

先從輕鬆的邀約開始

●先提出小要求，再提出重大的邀約

人一旦答應簡單的請求，就很難拒絕下一個請求。先讓對方接受簡單的要求，之後再提出真正的要求，這又稱為**「得寸進尺策略」**。也就是先踏出簡單的一步，再往下一個階段前進的技巧。

比方說，先探聽對方喜歡什麼料理或電影，再拜託對方推薦一些有趣的相關資訊。接下來深化彼此的共通點，妳可以說自己也想提供一些有趣的資訊，希望跟對方交換電話號碼或郵件信箱。做到這一步後，邀請對方一起去看電影或吃飯，對方也比較容易答應。

有什麼推薦的店家嗎？
OK!
我也有推薦的店家，我傳簡訊告訴你（來交換電話號碼吧）。
OK!
下次要一起去吃飯嗎？
OK!

第一印象不好的情況該怎麼辦？

落差效果有可能大逆轉！

意外性的效果

有時候我們可能覺得某個人的第一印象很冷淡，但在意外看到對方的笑容，或是感受到對方的溫柔以後，就會對那個人產生好印象。這樣的落差會帶來「驚訝」的情緒，刺激我們的心情，讓我們的情緒亢奮。當負面的情緒轉化為正面，好感就會大幅增加。

比方說，先貶後褒的溝通方式，遠比先褒後貶的方式更容易帶來好的印象。這種以評價來決定對方印象的情況，又稱為**「親近效應」**。與其不斷稱讚對方，一開始先略施貶抑，之後再稱讚對方，會讓對方感到意外，進而增加對你的好感度。

第一印象確實是塑造個人印象的重要因素，但就算第一印象不好，只要後續處理妥當還是有逆轉的可能。

落差效應

某個人乍看之下嚴厲又冷漠

其實非常喜歡動物

親近效應

一開始先貶抑對方，之後再給予讚賞

如何吸引男性？

用某些特定字句來投其所好！

WORD 1

第一次！

男性很在意自己被拿來比較。因此，女性只要說男性帶給自己前所未有的體驗，男性就會產生優越感。好比，我是第一次來這麼棒的餐廳，第一次吃到這麼棒的料理等等。

WORD 2

你好厲害喔！

不管大事或小事，男性只要聽到這種讚賞就會很開心。男性對奉承之詞特別沒轍，給予讚賞是非常有效的手段。另外，根據好意的回報性（▶▶P47）原理。人類會對稱讚自己的對象有好感。

WORD 3

你好可靠！

男性有強烈的支配欲和保護欲（▶▶P243），被依靠會覺得很開心。女性主動依靠男性，刺激男性的保護欲，有提升好感度的效果。

WORD 4

你最棒了！

男性競爭心較強，總是想爭第一，這句話對男性也很有效。好比，你最棒了、這件事你最懂了，這類說詞會讓男性品嚐到愉快的優越感。

WORD 5

好趣味！

稱讚對方帥氣或聰明固然有效，但對男性來說，有趣也是一種讚美。男性認為有趣的人比較受歡迎（▶▶P30），聽到這句話多半會感到開心。

第4章

男性的家庭關係

從兄弟姊妹看性格

家庭成員和性格差異也有關係

除了出生的順序以外，另一個影響性格的因素是**兄弟姊妹的存在**。親子之間是上對下的人際關係，兄弟姊妹則是對等的關係，這種對等的存在不僅是值得仰慕的對象，也是搶占父母關愛的存在。兄弟姊妹之間的心理糾結，又稱為**「同胞糾葛」**。同性兄弟姊妹和異姓兄弟姊妹之間，「同胞糾葛」的內容也不一樣，這也是造成性格差異的原因之一。

德國心理學家多曼認為，出生順序和兄弟姊妹，會影響到一個人的性格和行為特性。

跟姊弟或兄妹相比，兄弟或姊妹之間對抗意識比較強，而且會希望在這種互相較勁的情況

父母教養方式會影響性格

同一對父母生養的兄弟或姊妹，在同樣的環境下長大，為什麼性格會有很大的差異呢？事實上，**父母的教養方式不同也是一大原因**。比方說，父母生下第一胎，因為還在摸索養育子女的方法，所以會比較熱心。等到第二胎以後，有了前面養兒育女的經驗，教養方式就比較大而化之了。另外，**父母多半希望長子早點長大獨立，而老么最好長伴父母左右**。

有姊妹的男性比較習慣跟女性相處？

＊**該隱情結**　該隱是舊約聖經中的人物，因忌妒天神寵愛自己的弟弟亞伯，而殺害了弟弟。常被引伸為兄弟的忌妒之情。

下，順利實現自己的夢想。由於這種欲望和追求獨立的心性，因此長子有較為優異的領袖氣質，次子則嚮往冒險。另外，兄弟姊妹之間的糾葛，會衍生出忌妒心或競爭心，這又稱為「*該隱情結」。只不過，沒有姊妹的男性，不太習慣跟異性相處，跟女性交往也不懂得保持適當的距離感。相對地，有姊姊或妹妹的男性，比較擅長跟女性相處，也願意跟女性交朋友，這主要是小時候經常跟女性相處的關係。

出生順序造成的特性差異

德國心理學家多曼曾研究過三百多個家庭，發現出生順序會影響到個人的性格、行為、態度等特性，歸納如下。

兄弟中的長子

責任感較強，有領袖氣質，重視個人面子和地位。

兄弟中的老么

逃避責任，有甘於從屬的傾向。喜歡冒險，為人熱情，脫離現實。

有妹妹的長子

習慣跟女性相處，也擅長跟女性打好關係。只是，跟同性朋友可能沒那麼親密。

有姊姊的老么

性格悠閒隨興，做事缺乏熱忱，不過一旦對某件事產生興趣，就會非常熱衷。

獨子

看得出與父親同化的特質，習慣尋求年長者的指示或庇護，交友關係不廣泛。

男性都有戀母情結？

離不開母親跟日本的家庭環境有關係

長大成人依然追求母性

有些人認為全世界的男性都有**戀母情結**。就某種意義來說，這或許是事實。

男性和女性在年幼的時候，對異性家長都有強烈的愛慕之情。不過，男性在長大成人後還是需要母親，甚至會追求母親的替代品。

當然，多數男性在成長的過程中，會脫離母親長大獨立，對母親的感情僅止於關愛或景仰的地步。但有一部分的男性，在成年後依舊無法自立，對母親有更強烈的眷戀與執著。這種人又稱為「媽寶」。

沒有刺激獨立心的存在

那麼，媽寶究竟是如何產生的呢？據信，這是小時候缺乏「*伊底帕斯情結」的關係。所謂的伊底帕斯情結，就是男孩子為了得到母親的關愛，**把父親視為競爭對手**的情緒。

歐美比較重視夫妻關係，男孩子得學會對抗父親，才能得到母親的關愛。於是，歐美的小孩會努力向上，試圖超越自己的父親，這會養成他們獨立自主的心態。

相對地，**日本家庭重視親子關係更勝夫妻關係**，父親對孩子來說並非競爭對手。男孩子沒

＊**伊底帕斯情結**　男孩子為了獲得母親的關愛，而對父親抱有敵意的狀態。源自希臘神話「伊底帕斯王」的典故，佛洛伊德提倡的精神分析，就是以此為基本概念。

有感受到伊底帕斯情結，可以直接享有母親的關愛。而母親也不願意放手讓孩子獨立成長，無形中剝奪了孩子成長的機會。這種母子一體的狀況惡化下去，就會衍生成戀母情結了。

從這個角度來看，日本社會跟其他國家相比，也是特別容易培養出媽寶的環境。

容易養出媽寶的環境

關愛母親當然是一件好事，但媽寶總給人一種負面的形象。據說，家庭環境和父母的教養方式，也跟媽寶的形成有很大的關係。

夫妻關係不好

在父母整天爭吵的環境下長大，孩子會有很強烈的不安。

父親的暴力

看到父親施暴，孩子會產生保護母親的強烈念頭，心裡也向著母親。

父親棄家庭於不顧

父親忙於工作不照顧家庭，孩子感受不到父親對母親的關愛，因此同情孤單的母親。

不願放手讓孩子獨立的母親

這是母親不願意讓孩子獨立的狀況，認為孩子是屬於自己的，不希望看到孩子長大。

父親是兒子的模範還是對手？

父親是兒子將來踏出社會的寫照

父親的言行和性格會影響兒子

俗話說，兒子都是看著父親的背影長大的。

那麼，小孩從父親的背影中看到了什麼？在外面工作的父親，是小孩和社會對接的樞紐，小孩是跟父親學習社會常識的。這種模仿大人言行舉止的行為，是謂「***仿效**」。美國社會學家帕森斯表示，父親就像是把社會規範和社會運作帶入家中的角色。對兒子來說，同性的父親就是**自己將來出社會的寫照**。

另外，父親的性格對兒子也有很大的影響，這一點我們不能遺忘。比方說，父親太過嚴格又吝於展現關愛，兒子就容易變成膽小又依賴心重的人。因為父親象徵「恐懼」，孩子為了逃避恐懼，會發揮自我防衛本能，當一個言聽計從的人。相對地，父親缺乏存在感的話，孩子無法學到男性該有的姿態，可能會缺乏男子氣概。

與父親爭輝

超越父親是多數男性的嚮往，這代表父親也是理想的競爭對手。男孩子對父親抱有競爭意識，主要跟**伊底帕斯情結**有關（▶▶P146）。

把父親視為競爭對手的另一個原因，跟**男性**

＊**仿效**　以某個對象為範本，學習其言行舉止。據說，孩子在成長過程中會仿效父母。

「傳宗接代」的本能有關。在遠古時代，只有強者能獲得伴侶，並且留下自己的後代。弱者無法生存的觀念一直流傳到現代，再加上伊底帕斯情結，孩子就容易對強大的父親產生競爭意識。

換句話說，父親既是孩子的模範，也是必須超越的競爭對象。

父母的教養方式和孩子的性格

性格養成會受到各種要素影響，父母的教養方式也是一項重要的因素。

西蒙分類

美國心理學家西蒙，將父母的教養方式分為四大類，橫軸是「拒絕、保護」，縱軸是「支配、服從」。教養方式會影響到孩子的性格。

支配孩子

嚴格型
孩子容易不安、神經質，可能有施虐的傾向。

過度保護型
孩子容易有依賴性，有神經質和潔癖的傾向。

拒絕孩子

理想型

保護孩子

無視型
孩子容易過動，具有攻擊性，會產生自卑感。

溺愛型
孩子自私自利，個性桀傲不遜，無法適應團體生活。

服從孩子

男性也有婚前憂鬱

男女煩惱結婚的時間點不一樣

結婚是壓力極大的事件

有些情侶交往的時候很順遂，但一提到結婚就面臨分手的命運，而且這樣的例子還不在少數。最主要的原因跟**婚前憂鬱**有關，人在快要結婚的時候，會突然對婚姻生活感到不安或憂鬱，**認為結婚是一件壓力很大的事情**。

喜事其實也會帶來壓力，根據美國社會學家霍姆斯等人的說法，一件事會不會對當事人造成壓力，這跟當事人喜不喜歡那件事無關，而是要看那件事對當事人的生活環境造成多大的變化。霍姆斯以生活的變化程度為基準，替各種事件排列壓力大小的順位（這又稱為*霍姆斯和雷的壓力量表）。按照這一份量表，**結婚的壓力比好友死去或解雇還要大**。

男性會在求婚前憂鬱

大家都以為婚前憂鬱是女性特有的心理狀態。事實上，不少男性也會婚前憂鬱。

跟女性不同的地方在於，男性多半是在求婚前憂鬱。通常求婚都是男性主動提出，女性是被求婚以後才開始煩惱，而男性在求婚前要先做好心理準備，理清自己的思緒才行。這時候男性會煩惱經濟問題，擔心自己能否建立幸福

*＊***霍姆斯和雷的壓力量表**　顧名思義，這是霍姆斯和雷調製的壓力量表。二人先調查人類在心靈疲乏之後，要花多久的時間平復，再將那些日常生活中的事件，訂立出一個明確的壓力數值。

的家庭，承受極大的精神負擔。這一段煩惱的時間，就是男性的婚前憂鬱期。正確來說，應該是**求婚前憂鬱**才對。

一般來說，這是在還沒有決定結婚時才有的煩惱，所以跟女性的婚前憂鬱相比，大家比較不清楚男性也有類似問題。但請各位女性朋友記得，男性也有這種煩惱的時期。

當各位看到想婚的男朋友在煩惱沉思，說不定就是婚前憂鬱的徵兆。

結婚壓力大？

結婚通常給人一種喜氣洋洋的印象，其實對很多人來說，結婚是一件壓力很大的事情。因為結婚會對生活造成很大的變化。

按生活變化排定的壓力順位

1 **配偶去世**（100）

2 **離婚**（73）

3 **夫妻分居**（65）

4 **坐牢**（63）

5 **近親去世**（63）

6 **本人生病或受傷**（53）

7 **結婚**（50）

跟其他負面事件相比，喜氣洋洋的婚姻大事也榜上有名

8 **解雇**（47）

9 **夫妻吵架後和好**（45）

10 **離職**（45）

※美國社會學家霍姆斯和雷的研究成果，括弧內的數字代表對心理的負荷程度。

丈夫對妻子的家人有何看法

對名義上的家人要保持適當距離感

男女對另一半的家人看法不同

結婚這件事，不只是男方和女方發誓要共度餘生這麼簡單。**丈夫和妻子的家族也會結為親戚關係**，如何跟對方的家族相處，是維持良好夫妻生活的一大因素。話雖如此，對方的家人畢竟沒有血緣關係，許多人都不曉得該如何溝通才好。

丈夫和妻子對待彼此家人的觀念不一樣，這跟男女雙方對結婚制度的看法有關。日本自古以來，多半是女方嫁到男方家裡。因此女方在結婚時會做好心理準備，把丈夫的家人當成自己的家人。當然，現代社會對這樣的觀念有爭議，但「嫁到男方家」的觀念，還是根深蒂固地留在女性的心中。

想要打好關係，又不願太過親近

相對地，丈夫可不認為自己是嫁到女方家，所以沒有妻子那樣的覺悟或心理準備。對丈夫來說，妻子的家族就像**「看似親密、實則遙遠」**的家人。大家純粹是基於一段姻緣才當上家人，男方也想跟女方的家人打好關係。可是，男方同樣想保持適當的距離，以免女方的家人過度干涉自己，這樣的心態又稱為**「*刺蝟困境」**。

***刺蝟困境**　本為德國哲學家叔本華創作的寓言故事，比喻人類「分別會感到寂寞，相聚又會互相傷害」的關係。

刺蝟困境源於一則典故，相傳兩隻刺蝟想在寒冷的冬夜互相取暖，可惜無法接近對方身上的尖刺。這是由美國精神分析師貝拉克命名的心理現象。

跟妻子的家人相處該如何拿捏，不是一件容易的事情。但請各位男性耐心溝通，試著持續對話，掌握不會讓彼此不愉快的距離感吧。

刺蝟困境

源自德國哲學家叔本華的寓言故事，我們可以用刺蝟困境來當參考，摸索一個「不會太親近又不會太遙遠」的適當距離。

1

在寒冷的冬夜，兩隻刺蝟想窩在一起取暖。

2

無奈彼此身上都有帶刺，一接近對方就會扎到自己。

3

不過，彼此離得太遠又無法抵禦風寒，太近又會傷到對方……。

4

在反覆分開和接近的過程中，雙方終於掌握了適當的取暖距離，又不會傷到彼此。

男性肯花多少心力做家事帶小孩？

家庭生活依舊男尊女卑

日本丈夫很少幫忙做家事

做家事和帶小孩本來就是妻子的職責，這是男性常有的**既定觀念**。如今講究男女平等，這樣的觀念早就已經落伍了，但日本社會還是有這種根深蒂固的想法。

根據內閣府二〇一一年的兩性共同活動白皮書，家中有未滿六歲小孩的家庭，丈夫每天幫忙做家事和帶小孩的時間，**放眼全球也比其他國家要低許多**。各大媒體經常報導妻子獨自負擔家務和養兒育女的問題，但現實情況還是跟過去**＊男尊女卑**的時代差不多，這到底是為什麼呢？

日本人把做家事和帶小孩當成工作

其中一個原因，跟男性對做家事和帶小孩的看法有關。日本男性認為**做家事和帶小孩也是一種「工作」**，從男性的角度來看，沒有賺取收入無法建立幸福的家庭，因此夫妻應該盡好各自的責任，**丈夫要做好有酬勞的工作，沒酬勞的工作（例如做家事和帶小孩）則交給妻子處理**。相對地，歐美認為**家事是「私生活」**的一部份，不能跟外面的工作混為一談。歐美人沒有把做家務或帶小孩推給某一方的想法，夫妻都要幫忙做家事和帶小孩。這些事情是全家

＊**男尊女卑**　男性社會地位較高，女性社會地位較低的制度。家庭內的男尊女卑，主要是指「男性出社會工作賺錢，女性就該打理好家務」的成見。

人共同分擔，有助於強化家人之間的聯繫。

理想與現實的落差

順帶一提，內閣府曾經調查日本人對工作和生活的理想，以及理想和現實的落差。結果發現，男性多半也想顧好工作和家庭生活，但現實中，絕大多數人都只能顧好工作。這代表男性也想以家庭生活為重，無奈只能在理想與現實中掙扎。建議各位男性朋友，不妨先捨棄舊有的觀念，跟家人一起同心協力處理家務。

丈夫對做家事和帶小孩的看法

現代社會雙薪制的家庭越來越多，夫妻共同分擔家務和帶小孩，似乎是理所當然的事。不過，現實好像不是這麼一回事。

家中有未滿六歲小孩的家庭，丈夫每天幫忙做家事和帶小孩的時間

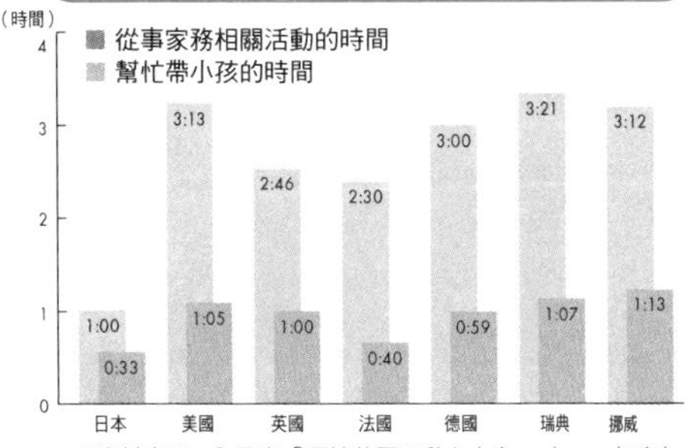

※資料來源：內閣府「兩性共同活動白皮書」（2011年度）

（根據總務省「社會生活基本調查」等資料製成）
日本丈夫每天幫忙做家事的時間，大約是一小時，帶小孩則是半小時。跟歐美相比，日本丈夫幫忙做家事或帶小孩的時間少很多。

夫妻請育嬰假的比例

（%）

年度（西元）	女性	男性
1996	49.1	0.12
1999	56.4	0.42
2002	64.0	0.33
2004	70.6	0.56
2005	72.3	0.50
2007	89.7	1.56
2008	90.6	1.23
2009	85.6	1.72
2010	83.7	1.38
2010	〔84.3〕	〔1.34〕
	〔87.8〕	〔2.63〕

※2010年、2011年〔 〕中的數據，是除去岩手縣、宮城縣、福島縣的全國調查結果。
※2010年的數據，有全國調查的結果，以及沒有加入岩手縣、宮城縣、福島縣的調查結果（〔 〕中的數據）。
※資料來源：厚生勞動省「雇用均等基本調查（2011年版）」

請育嬰假的女性有逐年增加的趨勢，這代表有越來越多女性參與社會活動，在生產後也繼續上班工作。另外，男性請育嬰假的比例也有慢慢增加。

父親對女兒大有影響？

夫妻關係會影響女兒未來的男性觀

愛家的父親最理想

對女兒來說，同性的母親是自己最親近的模範。因此，母女之間的羈絆，遠比父女要來得深厚。而**父親是女兒最親近的異性**，父親如何與母親相處，可能會對女兒的男性觀造成深遠的影響。

比方說，父親很重視母親，女兒看到愛家的父親，就會對父親抱有敬愛之情，希望自己長大也跟同樣的男性結婚。另外有報告指出，**有一個值得尊敬的父親，對女兒的人生會有很重大的影響**。一九七六年曾經發行過一本叫《女強人》的書，書中介紹了全美頂尖企業的二十五名女性高幹，其中有二十二名女性的父親，都具有極高的社會地位。這些女性的父親在養育她們的過程中，都有鼓勵她們好好讀書，灌輸她們男女平權的觀念。

愛上父親糟糕的部分

反之，如果父母的關係不好，母親經常說父親的壞話、瞧不起父親，女兒在這種環境中長大，反而會**選擇跟父親有同樣缺點的男性**。最主要的原因，可能跟「*家庭斯德哥爾摩症候群」有關。

＊**家庭斯德哥爾摩症候群**　同情立場較弱的家長，或是反過來維護施虐的家長。就算明知父母有錯，無法獨立生活的小孩，也會產生這種感情來保護自己。

所謂的斯德哥爾摩症候群，是指當事人被誘拐或監禁後，長時間跟犯人相處在一起，對犯人產生同情或共鳴的心理狀態。至於家庭斯德哥爾摩症候群，則是指女兒同情被母親數落的父親，有心維護父親的意思。女兒養成這種習性以後，**長大就會選擇跟父親有同樣缺點的男性**。父親和女兒的關係看似疏遠，但父親的言行舉止有極大的影響力，會決定女兒挑選男性的眼光。

家庭斯德哥爾摩症候群

「斯德哥爾摩症候群」是指被害人同情犯人，同情和共鳴會讓被害人誤以為自己喜歡犯人，家庭中也會發生類似的現象。

幼年期

父母關係不好

假如父母關係不好，但父親對女兒很溫柔的話，女兒會心向父親，認為父親是個好人。

母親常說父親壞話

看到母親數落父親、瞧不起父親，就覺得父親很可憐。

↓

同情父親

↓

到了青春期

開始輕蔑父親

輕蔑父親身上的缺點。

↓

長大成人後

反而喜歡上跟父親相同的類型

明明不喜歡跟父親一樣的男性，但一遇到相似的類型，就會想起自己小時候對父親的看法，進而同情那樣的男性，產生一種無法棄對方不顧的心態。

草食系當道？

女性參與社會活動剝奪了男性的自信？

舊時代的恐怖老爹

一直到一九六〇年代，日本人都把父親視為跟天災一樣恐怖的存在。另外，日本有所謂的「*家父長制度」，威權性格的父親在日本家庭也算司空見慣。而「**大男人主義**」是指在這種家庭長大的男性，認為一家之主就應該是這樣的面貌。

不過，近年來大男人主義幾乎絕跡了。現在跟以前不一樣，很多家庭反而是母親的個性比較霸道，主要原因可能是女性開始出社會工作，導致男性失去自信的緣故。

男性的強弱差異明顯

現代社會中，女性跟男性一樣活躍，很多女性的地位比男性還高。有越來越多女性在工作或玩樂上，都比男性樂在其中。對男性來說，職場有女性上司是一大壓力來源，看到生活過得比自己充實的女性，有些男性也會感到無地自容。**男性自覺比不上女性**，這份自卑感就是軟弱的男性變多的原因。再者，女性開始參與社會活動，跟男性站在平等的立場上，過去「男性應該剛強」的觀念也蕩然無存，因此男性的強弱差異變得非常明顯。

＊**家父長制度**　由父親支配家庭的制度，父親是家庭的中心，其言行有管束母子的效力。缺點是家中不重視個人主義，但父親的威嚴和慈愛等特質，也是值得孩子仿效的目標。

療癒系男性氾濫成災

隨著女性參與社會活動，家庭裡握有主導權的人也不一樣了。最近，男性順從女性期望的作風蔚為風潮，被稱為**「療癒系」**或**「草食系」**的男性有增加的趨勢。

「療癒系」或「草食系」男性出現後，「大男人」幾乎成了瀕臨絕種的保育類動物。

雙薪家庭

現代社會雙薪家庭有逐漸增加的趨勢，過去男主外、女主內的分工模式，也慢慢產生變化了。

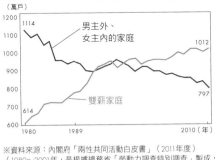

雙薪家庭的比例

（萬戶）
1200
1100
1000
900
800
700
600
1114
男主外、
女主內的家庭
1012
797
614
雙薪家庭
1980　1989　2010（年）

※資料來源：內閣府「兩性共同活動白皮書」（2011年度）
（1980～2001年，是根據總務省「勞動力調查特別調查」製成，採用每年二月的數據。唯1980～82年為每年三月數據。2002年以後，則是根據「勞動力調查〔詳細統計年平均〕」製成）。

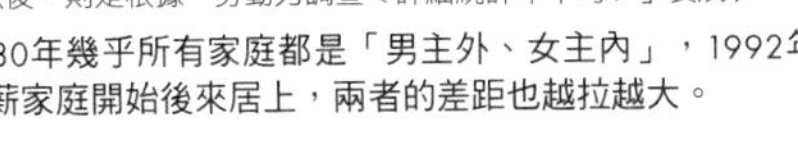
1980年幾乎所有家庭都是「男主外、女主內」，1992年雙薪家庭開始後來居上，兩者的差距也越拉越大。

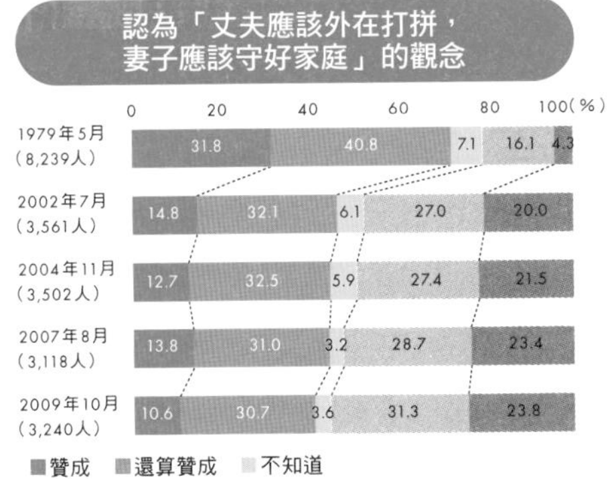

※資料來源：內閣府「兩性共同活動白皮書」（2011年度）
（根據內閣府「兩性共同活動世論調查」製成）
昭和時代，約有七成多的人贊成「男主外、女主內」的觀念。直到雙薪家庭變多，觀念也逐漸改變了。

9 男性該如何處理婆媳問題？

丈夫深愛妻子卻無法擺脫母親獨立

婆媳問題無法避免

「婆媳問題」是婚姻生活永遠無解的課題，夫妻本來成長的環境不一樣，沒有血緣的婆婆和媳婦成為一家人，有點小誤會也是在所難免的事情。如果雙方在同一個屋簷下生活，發生衝突的機會也將升高。

婆媳問題的原因不只出在婆婆和媳婦身上，丈夫和婆婆、公公和婆婆之間的關係也必須考量在內才能解決。

母子一體化的三角關係

婆媳問題會鬧到不可開交的地步，多半跟丈夫模稜兩可的態度有關。

日本社會**重視母子關係更勝夫妻關係**，父親的存在感和權力逐漸淡化。在外打拼的父親經常不在家，母親又不願意放手讓兒子獨立，無形中壓抑了兒子成長。這種***母子一體化**的狀況越來越嚴重，有些丈夫在無法自立的狀況下結婚，自然就把母子關係看得比夫妻關係更重要了。畢竟，以往生活中的大小事乃至人生抉擇，幾乎都有母親把關。因此，對丈夫來說在婚後依賴母親，也是稀鬆平常的事情。從這種角度來看，婆媳問題其實是妻子、丈夫、婆婆的**三**

＊**母子一體化**　指母親和孩子異常緊密的狀態，也是媽寶誕生的主要原因之一，媽寶在長大以後依然無法脫離母親自立。

角問題。

恢復夫妻該有的姿態才是解決之道

要解決婆媳問題，首要之務是**夫妻關係要圓滿**。再來，**公公和婆婆的關係圓滿**也是一大重點。婆婆和公公的關係良好，就不會過度干涉兒子的婚姻生活，比較會跟兒子保持適當的距離。兩邊重拾本來該有的夫妻關係，就有機會改善問題。不要認為婆媳問題是單純的三角關係問題，重點是要把公公也加進來思考。

婆媳問題背後隱藏著公婆之間的夫妻問題

父親在外打拚，是導致「母子一體化」的原因之一。缺乏存在感的「公公」和婆婆之間的關係，是解決婆媳問題的一大關鍵。

丈夫年幼時期

母親
關係緊密
兒子
家中的事情都交給妻子
關係疏離
因為父親不在家，母子之間的關係注定比夫妻之間的關係更緊密。
父親

結婚後

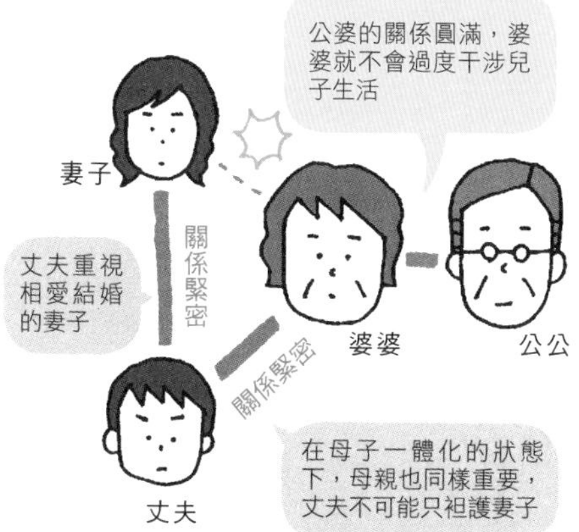
公婆的關係圓滿，婆婆就不會過度干涉兒子生活
妻子
關係緊密
丈夫重視相愛結婚的妻子
婆婆
公公
關係緊密
在母子一體化的狀態下，母親也同樣重要，丈夫不可能只袒護妻子
丈夫

婆媳問題無法只靠妻子、丈夫、婆婆解決，公公婆的關係圓滿，婆婆才不會過度干涉兒子。

夫妻吵架有其必要？

有底線的爭吵反而能發洩壓力

吵架有宣洩作用

夫妻之間常保和氣當然是好事，吵架不只會傷到對方，同時也會傷到自己。不過，從心理學的角度來看，吵架未必只有壞處。

比方說，各位看到感人的電影哭泣落淚，哭完是不是有一種放鬆的感覺？心理學稱這種現象為**「宣洩作用」**（▶P28），當壓抑的煩惱和痛苦釋放後，就會產生一種清新暢快的感覺。**夫妻吵架據說也有宣洩的作用**，透過吵架發洩不滿，不要悶在心裡，反而能釋放內心的壓力。

話多的女性和沉默的男性

夫妻吵架時要特別留意表達感情的方式，**女性對話時會左右腦並用，很擅長單方面說個不停；男性對話時只用左腦，要花時間思考反駁的方法，爭吵時容易沉默以對**。女性看到男性沉默會更加火大，開始攻擊一些跟吵架內容無關的事情，好比攻擊對方的人格或外貌等等，傷害對方的自尊心。**吵架也是講規矩的**，關鍵在於保持一定的*德行，不要說出太過傷人的話。有些夫妻經常吵架，依然保持良好的關係，就是因為他們明白吵架該守的規矩。

＊**德行**　泛指道德意識、倫理、社會良知。通常用來判斷一個人的言行善惡，好比「不懂得守信用的人缺乏德行」。

夫妻吵架的傾向和不該說的話

夫妻吵架是獲得宣洩作用的必要行為，但傷害對方尊嚴只會影響到婚姻生活。請注意不要說出一些破壞彼此關係的話。

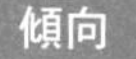

卻找不到插話

跟連珠炮一樣

乾脆沉默以對
最後說出一句
很傷人的話來

妻子會受到情緒的影響，想到什麼就說什麼。女性擅長邊說話邊思考，所以會毫不間斷地責備對方。相對地，男性習慣先思考再發言，被妻子罵得狗血淋頭以後也懶得反駁，乾脆表現出放棄爭吵的態度。

不能對丈夫說的話

反正你根本
沒那個心啦
▼
武斷
你就是
白目啦
▼
否定對方人格

人家●●的
丈夫都比你
體貼
▼
拿別人跟丈夫比
較

男性很難好好度過餘生

重視工作的男性要特別留意

退休是一大壓力

把生活重心都放在工作上的男性，經常說自己退休以後，想要過一點輕鬆自在的生活。不過，究竟有多少男性能做到這一點，真正過上快活的**第二段人生**呢？男性在面對第二段人生到來時，內心必須經歷一段天人交戰，這跟男性特有的價值觀大有關係。

對男性來說**退休是人生一大要事**，也是人生中難得會遇到的一大壓力來源。**失去工作這項自我認同要素**，正是壓力產生的主要原因。工作是男性價值觀的核心，男性不會忌妒競爭對手長得比自己好看，除非對方的社經地位高於自己，他們才會產生忌妒的心態。換言之，工作會帶給男性社經地位，所以男性非常重視工作。工作是知識、能力、努力的結晶，失去工作就等於失去自我認同（➡P38）。

中年是「人生的午後」

過去，日本企業有所謂的終身雇用制度，如今那些企業也開始對勞苦功高的員工，做出殘酷的通告了，好比辭退員工、逼他們早點退休等等。相信有些讀者在**「*中年期」**，就已經邁入第二段人生了。中年期又被稱為**「中年危**

＊**中年期**　泛指四十多歲到六十多歲的時期，這個時期在生理、心理、家庭、社會層面都有許多的轉變，介於年輕與老邁、安定與不安定之間，必須面對內心的迷惘和猶疑。

機」，當事人會煩惱自己的人生是否美滿，甚至有惡化成**憂鬱症**的風險，還有人努力過頭，最後變成所謂的**「身心俱疲症候群」**。如何跨越中年期，對當事人來說是很重要的一件事。

瑞士心理學家榮格，把中年期稱為**「*人生的午後」**，特別重視中年期以後的人生。榮格認為意識中的自我和潛意識中的自我要互相認可，才能過上幸福快樂的人生。也就是說，退休前的價值觀和退休後的理想，要找到一個平衡點，否則很難過上理想的退休生活。

中高年容易產生的身心問題

中年期的人閱歷豐富，在人品和工作上也已經成熟，但容易有身心上的毛病。

中年期會有的病症

身心俱疲症候群

持續犧牲奉獻後感到身心俱疲，彷彿槁木死灰一般，陷入一種缺乏幹勁的憂鬱狀態。

更年期障礙

有熱潮紅、失眠、食欲不振、憂鬱症等等。男性的更年期障礙比較鮮為人知，有時候當事人並沒有接受適當的診斷。

容易罹患憂鬱症的類型

・認真・嚴謹・追求完美等等

憂鬱症的症狀

- 懶得做任何事
- 做自己喜歡的事也開心不起來
- 一大早覺得不舒服
- 缺乏食欲和性欲
- 晚上睡不著
- 喉嚨乾渴
- 胸悶

↓

憂鬱症惡化可能會產生自殘或自殺行為

＊**人生的午後**　中午過後日光和陰影的方向完全相反，以此比喻中年是前半生和後半生的分界。從現代人的角度來看，人生的中午差不多是四十五到五十歲左右。

男性察覺不到妻子的不滿

丈夫越認真工作，妻子對丈夫就越沒有愛

妻子平日多對丈夫感到厭惡

近年來，有意跟丈夫離婚的五、六十歲婦女有增加的趨勢。為何那些妻子想要跟共度半生的丈夫離婚呢？

夫妻倆同甘共苦了這麼久，但那些女性想要離婚的理由，多半沒有什麼大不了，好比丈夫會上酒家，或是夫妻之間興趣不同。事實上，這些小事只是讓女性下定決心離婚的契機，真正原因是她們長年來，**經常對丈夫感到不滿，才會產生離婚的念頭**。就算沒有鬧到離婚的地步，夫妻退休後的嫌隙也是這樣產生的。

妻子的人生沒有丈夫圓滿

那麼，為何妻子會對丈夫心生厭惡呢？這又跟男女價值觀不同有關係。丈夫過去為了家庭拚命工作，不僅養活了一家大小，也獲得了社會地位。這種自負的心態讓丈夫覺得，自己**達成了遠大的人生目標**。

相對地，妻子卻對這樣的丈夫感到不滿。因為在妻子的觀念中，為了家人好，就應該共同解決難題才對。丈夫越是專心工作，妻子的心願就越無法達成，於是妻子開始認真思考第二段人生。瑞士心理學家榮格提倡過「*個性化」

＊**個性化**　瑞士心理學家榮格提倡的觀念，想要發揮自己過去被埋沒的潛在能力或特質，活出屬於自己的色彩。

的觀念，這是中年期到老年期的一大心理課題，意指當事人有意活出自我。

妻子想要積極圓滿剩餘的人生，丈夫卻已經別無所求，只想悠閒度日。這樣的差異就是造成熟年離婚的主因，很多丈夫聽說妻子想要離婚，根本覺得事出突然、莫名其妙。**溝通次數和質量下滑**也是造成誤會的原因之一，大部分夫妻很少分享自己的想法或心境。把對方的付出視為理所當然，不懂得表達感激，這樣的關係也有可能增加熟年離婚的機率。

丈夫會縮短妻子的壽命？

前面提過，夫妻吵架有宣洩的作用（▸▸P162）。不過，美國俄亥俄州立大學的格拉瑟教授做過一個研究，吵架確實有發洩壓力的效果，但凡事還是不能太過。

夫妻太常吵架

夫妻互相否定、互相敵對的行為太多，好比經常爭執不休。

對身體的影響

- 心跳或血壓劇烈變化
- 身體免疫力下降

妻子特別容易受影響

研究指出，吵架會對身體產生劇烈變化，妻子又比丈夫更容易受到影響。

13

鰥夫如何自處？

失去重要的伴侶，會縮短男性壽命

男性結婚的益處與女性不同

配偶去世是人生中最悲痛的大事之一，根據美國社會學家霍姆斯和雷的研究（▶P151），配偶去世是人生中壓力最大的事件。

不過，男性和女性經歷生離死別的態度又不一樣。國立社會保障暨人口問題研究所，曾經做過「人口問題研究」來衡量配偶去世對當事人的平均壽命有何影響。結果發現，女性在配偶去世後，平均縮短一・九六歲的壽命，男性則失去四・一一歲的壽命，這樣的差異跟男女雙方的**「結婚益處」**不同有關。社會學家稻葉昭英教授做過一個調查，試圖了解配偶的有無和個人*沮喪程度的關聯，發現已婚女性和未婚女性的沮喪程度，並沒有太大差別；而已婚的男性，沮喪程度遠比未婚男性低。換句話說，**結婚對男性來說在心理層面上有較大的益處**。

伴侶重於金錢

結婚的益處在於雙方可以互相扶持。日本多半是丈夫負擔經濟壓力，妻子則提供生活上的照應。妻子失去丈夫，還能靠年金或保險給付度日；丈夫失去妻子，等同失去衛生和營養上的照應，受到的影響也特別大。

＊**沮喪**　在困難或糾葛的情況下心生煩惱，無法自行排解壓力，身心產生不適症狀。也有人用來形容經營不振的企業。

除此之外，結婚也有情緒上的輔助效果。對其他人說出自己的事情，這又稱為「***自我揭露**」。女性會對配偶、朋友、熟人透露隱私，但中老年的男性，多半不會對妻子以外的對象自我揭露。再者，男性習慣在家庭中尋求安寧，就算願意對妻子自我揭露，也未必有那個心情聆聽妻子的煩惱。多數情況下，丈夫反而不願意聆聽妻子的煩惱。換句話說，就算男性在經濟上富裕，若沒有配偶相伴，可能餘生也會在孤獨或不方便的情境下度過。

男女大不同

失去配偶以後的人生

配偶去世是令人心痛不已的大事，夫妻倆相伴的時間越長，那種喪失感就越大。夫妻在失去另一半以後，究竟會過上怎樣的人生呢？

男性

- 失去唯一的自我揭露對象（精神支柱）
- 失去生活上的輔助，沒有人幫忙做家事

↓

傷痛太大，要花上好一段時間復原

女性

- 還有朋友和熟人可以自我揭露
- 享受旅行或個人興趣，努力過好剩下的人生

較快從失去另一半的傷痛中復原

＊**自我揭露**　坦承自己的相關訊息，在建立和維繫人際關係時，自我揭露發揮了重要的功能。成長的階段不同，自我揭露的程度也不盡相同。

什麼樣的男性會家暴？

心理變化導致家暴案件增加

心理依賴與暴力互有關聯

近年來，*家暴（DV）案件增加儼然成了一大社會問題。過去家暴的主因是忌妒，好比獨占欲太強，害怕失去伴侶的強迫觀念在內心不斷擴大，於是就用暴力來束縛另一半。

不過，最近**不善交際的男性越來越多，這也是家暴問題增加的一大原因**。有些男性出社會依然無法建立良好的人際關係，因此就把內心的挫折和糾葛，全都在發洩在伴侶身上，因為他們認為伴侶會包容自己的一切。不善溝通的理由，可能跟「彼得潘症候群」相似（▶P44）。

女性參與社會活動也是家暴增加的原因？

也有人認為，家暴男增加的原因跟女性參與社會活動有關。

過去的日本社會，充斥著許多「男性的聖域」，好比酒家或酒店就是如此。職場也曾經是男性專屬的聖域，多數男性都是在職場上發洩壓力，了解成人的溝通方法，學習如何當一個社會人士。然而，現在女性開始參與社會活動，很多女性比男性更懂得活用那些場所，領悟力也比男性高出許多。所以，男性失去了學

＊**家暴**　發生在夫妻或情侶這一類親密關係中的暴力行為，除了肢體暴力以外，威脅、辱罵等心理暴力或性暴力也算是家暴。

習的場所，無法消解自己的壓力。這也是某些男性對配偶施暴的原因，在他們眼中配偶是比自己弱小的存在。

另外，很多小男生患有**「*注意力不足過動症」**，有人認為這種症狀長大後依然存在。注意力不足過動症會造成壓力，進而引發家暴問題。總而言之，家暴是不被允許的行為，被家暴的一方身心都會受到很大的傷害。

容易家暴的男性類型

如今家暴和跟蹤狂都是一大社會問題，家暴不只限於肢體虐待，精神上的虐待也算是家暴。

家暴的理由

- **認定另一半外遇**
  自看到自己的伴侶跟其他異性交談就發怒。
- **發現伴侶有事瞞著自己，認定伴侶背叛自己**
  發現伴侶瞞著自己做出某些事情，就會發怒。
- **認定自己地位比較高**
  被伴侶反駁就發怒。

↓

源於幼稚的獨占欲或自私想法

家暴男的傾向和重點

- **一開始溫柔又殷勤**
  ▶ 會讓女性以為自己深受寵愛
- **施暴後又哭著道歉**
  ▶ 刺激女性的同情心原諒對方

＊**注意力不足過動症**　缺乏冷靜和專注力，容易衝動的症狀。可能跟腦神經的疾病有關，無法壓抑衝動或發揮該有的專注力。

COLUMN 4

何謂家庭心理學

所謂的「家庭心理學」，專門聚焦在家庭可能面對的各種問題上，是一門研究家庭關係的心理學問。解決問題的方法除了個人接受諮詢以外，還有整個家庭一起接受諮詢的「家庭治療法」。

什麼是家庭治療？

這種治療法不只治療有心理疾患的對象，還包括了當事人的家庭。也就是把家庭當成一個系統，對該系統進行改善。諮詢時會安排不同的組合來解決問題，好比只有患者本人接受諮詢，或是只有患者父母、患者兄弟姐妹接受諮詢，也有全家一起接受諮詢的狀況。

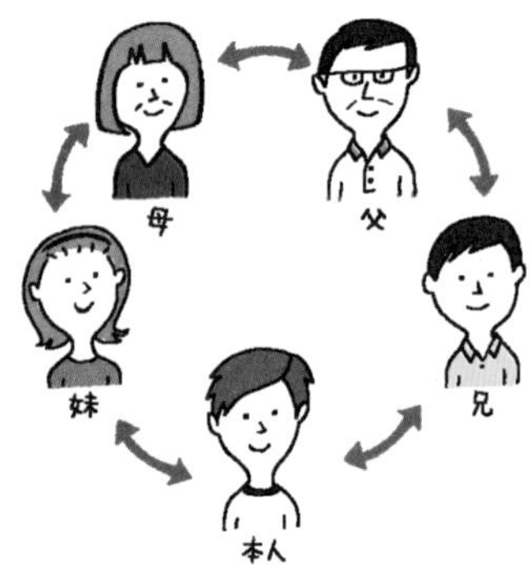

因果關係的圓環

因果不是直線的相對關係，而是圓環狀的連鎖和循環關係。

比如
1. 次子（患者本人）行為偏差，直接原因是父母關係不睦，但父母關係不睦可能源於父親和長子的關係之間有問題。
2. 次子（患者本人）行為偏差，直接原因是父母關係不睦，而次子行為偏差又導致父母關係惡化，甚至影響到其他兄弟姊妹。

有此可見，因果就像一個圓環一樣，會在家庭內互相影響。

與家庭有關的心理學用語

家庭界線
父母、子女等各別世代，在家中有不一樣的職責。當這個分界混淆不清，就會形成病理因素。

家庭心理學認定的主要問題

家庭暴力

夫妻間的家暴或父母對子女施暴，也有子女對父母或祖父母施暴的情況。

虐待兒童

對孩子施以肢體暴力虐待，或是放棄養育職責，也有傷害幼兒心靈的心理虐待。

行為偏差

逃學、在學校惹事生非，或是不肯回家等等，是青少年常見的問題行為。

看護

照顧長者或肢體障礙的家人，主要聚焦在看護和被看護者的心理狀態。

憂鬱症

某些原因造成不安或鬱悶，導致失眠、食欲不振的精神疾病。

家庭內分居

父母之間貌合神離，並沒有夫妻之實的狀態，純粹是住在一起而已。

彈性屏障
當事人有意追求自我認同，卻被迫再次扛起家中的職責。比喻當事人想要衝破屏障，卻又故態復萌。

家庭恆定
所謂的恆定，是指維持均衡的狀態。家庭恆定則是維持家庭內的秩序或關係平衡。

家庭投射過程
父母的問題影響到子女，例如父母感到不安，子女也會跟著感到不安。

家庭規則
家人之間的溝通模式或行動模式，實施家庭療法之際，必須重現家庭規則才能讓家庭系統回歸正途。

解說家庭關係的
心理學用語典故

心理學之中，
有引用希臘神話或舊約聖經
命名的專有名詞。
這裡就來介紹幾個形容家庭關係的故事。

兄弟

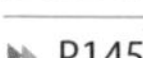

該隱情結

▶▶ P145

出自舊約聖經中，該隱和亞伯的故事。某一天，身為農夫的哥哥該隱，和身為牧羊人的弟弟亞伯，分別把自己的供品獻給上帝。上帝對亞伯獻上的羊很感興趣，對該隱獻上的農作物則興趣缺缺。該隱忌妒亞伯成功取悅上帝，便將亞伯殺害。

瑞士心理學家榮格，引用這個故事表達兄弟間的糾葛、忌妒、競爭心，並取名為「該隱情結」。

親子

比馬龍效應

▶▶ P84

這是希臘神話中賽普勒斯島的國王流傳下來的佳話。比馬龍王對現實生活中的女性失望透頂，有一天，他用雕刻創造自己心目中的理想女性。國王日以繼夜地眺望雕像，最後愛上那一尊雕像，祈求雕像化為有血有肉的活人。他一步也不肯離開雕像，身體日漸虛弱，女神愛芙蘿黛蒂不忍，便賦予雕像生命。

美國心理學家羅森塔爾發現，父母的期待會促進小孩的成績進步，所以就把這個現象命名為「比馬龍效應」。

父親與兒子

伊底帕斯情結

▶▶ P146

這是希臘神話中伊底帕斯王的故事。底比斯國王萊歐斯接到詛咒的神諭，得知自己的兒子將會弒父娶母。於是萊歐斯在兒子伊底帕斯誕生後，選擇拋棄兒子來逃避詛咒。不知道自己身世的伊底帕斯長大後，某一天惹上麻煩，不小心殺害了陌生的老人。後來，底比斯陷入危機，伊底帕斯成功保衛國家，也娶到了王妃為妻，甚至跟王妃生子。可是後來他發現，自己以前殺害的老人竟是生父，而妻子則是生母，於是憤然離開底比斯。

奧地利心理學家佛洛伊德，引用這個故事表達兒子為了享有母愛，對父親產生競爭意識的現象，並取名為「伊底帕斯情結」。

第5章

從外觀和動作看出男性的心理

從五官和臉型分析性格

第一印象是透過顏面、服裝、說話方式等各種要素決定的。其中，顏面可以說是左右個人印象的重大要素。從一個人的顏面，能看出對方的性格或形象。

眼睛：從眼睛大小分析對方性格

小眼睛

謹慎行事的類型，但也有可能錯失機會。做事堅忍有耐性，會堅實地朝目標邁進。

大眼睛

個性開朗積極，充滿好奇心，但做事缺乏恆心。為人具有行動力，只可惜性情躁進，不懂得瞻前顧後。

鼻子：鼻子能看出一個人的自尊心

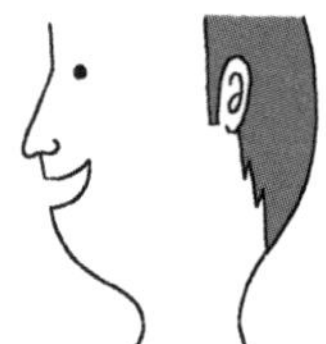

塌鼻子

性格低調又具有協調性，不易被旁人討厭，但自我主張不夠積極，有吃虧的可能。

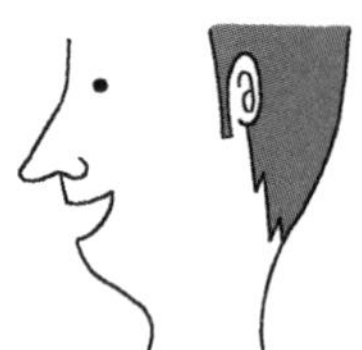

高鼻子

自我主張強烈，對自己很有信心。由於充滿信心，行動也特別積極。只是，自尊心太強容易有高傲的傾向。

耳朵：從耳垂厚度分析對方性格

耳垂厚

宅心仁厚又富服務精神，喜歡照顧別人，適合擔任領袖。重視人情義理，很受他人歡迎。

耳垂薄

不擅長表達感情，但對自身實力有信心，做事堅忍有耐性，成功的機率特別高。

嘴巴：從嘴巴大小看出積極性

大嘴巴

活潑又有行動力，會積極採取行動，因此也有花錢如流水的一面。為人健談又開朗，但也容易禍從口出。

小嘴巴

性格較為內向，而且不善言詞。處理小事也非常細心，比起擔任領袖，更適合從事輔助性的工作。

臉型：從臉龐輪廓分析對方性格

倒三角形臉

腦筋動得快，有充滿知性的一面，而且想像力豐富，對美感的品味也不錯。為人細膩，卻也有難相處的一面。

方形臉

意志堅定又努力，自尊心出乎意料的高，但有頑固的一面。顴骨明顯的人，自我主張也比較明確。

圓臉

開朗又具社交性，憑感性行事，不太懂瞻前顧後。做人處事大而化之，不計較細微的小事。

2 從動作和表情分析心態

人類用語言進行溝通，但有些訊息無法用語言傳遞。這種情況下，人類會用動作或表情傳達自己的情緒。動作和表情會不小心透露「心聲」。

對方真正的想法
溝通篇

從眼睛看對方心態

頻繁眨眼

▶ 處於緊張的狀態

內心動搖，想穩住自己情緒的反應。平時常眨眼的人，屬於容易不安或容易緊張的性格。

往右上方看

▶ 在說謊

人在想像沒經歷過的事情時，眼睛會朝右上方看，這是說謊時的眼神。

轉移視線

▶ 對自己沒信心

內心不安，對自己或自己的意見沒信心，太在意對方的眼神而感到緊張。

往左上方看

在回憶過去的經驗，或是曾經看過的風景。

往左下方看

在想像聲音或音樂等聽覺意象時會有的眼神。

往右下方看

在想像肉體痛苦或其他生理感受時會有的眼神。

※左撇子可能會顛倒過來。

從手勢看對方心態

用手摸鼻子下方

▶ **表示拒絕**

出於不安的「拒絕」訊號，乍看之下好像對話題很感興趣，其實是表達拒絕之意。

對話時摸耳朵

▶ **懷疑對方的談話**

觸摸耳朵的行為，是表達想要再一次仔細聆聽的感情。

對話時觸摸嘴邊

▶ **對自己說的話沒信心**

觸摸嘴邊可能是缺乏信心，或是在說謊的訊號。內心有愧也會出現這樣的動作。

捏住鼻子或擺弄頭髮

▶ **感覺不安或緊張**

觸摸身體的某個部分或身旁的東西，是內心動搖時不經意出現的動作。

手勢比嘴巴透露更多訊息？

俗話說，眼睛比嘴巴更會說話。其實，手勢也是表達一個人內心狀態的重要線索。人在感到不安或說謊的時候，會把注意力集中在表情上，避免表情露出破綻。於是，毫無防備的手勢就會透露出真正的心聲了。要同時集中在表情和手勢上，是一件非常困難的事情。

從手勢
看對方心態

碰觸脖子或後腦勺

▶ **心中有愧**

猶豫是否該說出真心話時，會不經意地觸摸脖子或後腦勺。一時語塞或難以啟齒時也會有這種動作。

手掌朝上，雙手展開放在桌上

▶ **處於放鬆的狀態**

對談話對象抱有親密之情時，才會有的開放性動作。手掌朝上代表無所隱瞞，在無法隱瞞的情況下也有這樣的動作。

對話時觸摸身體

▶ **處於不安的狀態**

感到不安或害怕時會有的動作，用觸摸身體的方式撫慰自己，試圖獲得安心感，稱為「自我碰觸」。

觸摸下巴

▶ **同意對方，或表示佩服**

茅塞頓開時會出現的動作，另外這也是一種「防禦」訊號，有時候可能是要防範對方的話術攻勢。

頻繁觸摸桌上的東西

▶ **不想扯上關係的訊號**

明明別人正在說話，卻不斷拿取或放下桌上的東西，這代表當事人沒有專注在對話上，而且在表達拒絕的情緒。

用手指或筆敲擊桌面

▶ **想盡快結束對話**

在煩躁或不耐煩時會出現的動作。過度的點頭稱是，也是想要快點結束對話的訊號。

在身前交握雙掌

▶ **拒絕的訊號**

用力握緊雙掌是在壓抑憤怒或不快的情緒。另外，反覆交握和分開雙掌，則是感受到緊張的情緒，想要讓自己冷靜下來的反應。

雙手環胸是敵意還是善意？

雙手環胸的動作有兩種涵義，一是「攻擊性」的涵義，一是「自我親暱行動」。若一個人在雙手環胸時，手肘往上抬的話，那就是對談話對象抱有敵意或戒心。反之，雙手看起來像是在抱住自己，而且手肘向下垂的話，可能是對談話對象抱有敬意或好感，也可能是想緩和緊張的情緒，屬於「自我親暱行動」。這兩種動作都是出自「緊張感」，但不同的動作代表完全不一樣的涵義。

抽菸時啃咬香菸的濾嘴

▶ 悲觀的類型

據說抽菸有放鬆的效果，但在抽煙時啃咬濾嘴，代表當事人有感受到壓力。性格悲觀或容易感受到壓力的人，常有這樣的動作。

常碰嘴唇的人

▶ 軟弱的類型

幼兒會用嘴唇享受吸允乳房的快感，長大後沒有遺忘這種感覺的人，經常會觸摸嘴唇。尤其在碰到困難或承受壓力時，會不自覺觸摸嘴唇來尋求安心感。

手勢誇張的人

▶ 自我陶醉的類型

這是在彰顯自我的動作，希望別人認同自己的存在價值。講話滔滔不絕，還會佐以誇張手勢的人，雖然有吸引人心的魅力，但感情的波動強烈。當別人注視自己，就會自我陶醉。

身體往後仰，雙手放在後腦杓

▶ 沒責任感的類型

在長時間的會議上，經常會看到這樣的動作，看得出來當事人感到很無聊。然而，毫不掩飾地做出這樣的動作，才是真正的問題所在。這代表當事人在向大家宣示，會議的內容非常無趣。會這樣做的人屬於不負責任的類型。

坐下時會翹腳

▶ 完美主義的類型

根據美國心理學家布雷札的調查，坐下時習慣翹腳的人，工作一向盡善盡美，但內心揣揣不安。另外，想要展現游刃有餘的態度，或是彰顯自己處於優勢，也會做出這樣的動作。

習慣站在別人左邊

▶ 喜歡成為領袖的類型

左腦是控管邏輯思維的領域，臉部的右半邊也是左腦控管的，因此右半邊的臉容易表現出強悍、有威嚴的一面。喜歡成為領袖的人，會不自覺地站在別人左邊，好讓對方看清楚自己右半邊的臉龐。

在酒會上到處替別人倒酒

▶ 戒心極強的類型

這種人性格細膩，頭腦冷靜又工於心計，不會受到周圍氣氛的影響。看得出來這種人不願意喝太多酒，以免不小心吐露自己的心聲，而且會冷靜觀察周圍環境。

腳尖也要確認一下

腳尖也能看出一個人的心聲。比方說，你跟別人站在一起說話時，對方的臉和身體正對著你，唯獨腳尖朝別的方向，這就是一種拒絕的訊號。一個人的好感或注意力，會不經意表現在腳尖的方向。因此，如果對方的腳尖沒有對著你，代表那個人可能對你不感興趣，想要盡快離開現場。不要被愉快的談話氣氛給騙了，確認對方的腳尖方向，或許能看出對方的心聲。

從體型和髮型分析性格

我們一眼就能看到別人的體型和髮型，這兩大要素也是輕易了解對方的線索，究竟體型和髮型可以看出什麼端倪呢？

體型

肥胖型

大而化之又溫和的性格，雖然為人開朗，但感情波動較大。

肌肉型

極富正義感，性格嚴謹又講秩序。相對地，有執念深重又頑固的一面。

消瘦型

心思縝密又善於謀劃，為人細心謹慎，卻不善社交。

男性對女性身材的喜好和性格有關

美國心理學家威金斯等人，曾經做過一個研究，調查男性對女性胸部、臀部、腿部的喜好是否與性格有關。威金斯把女性這三個部位的剪影，拿給不同的男性觀看，結果發現性格會反應在喜好上面。

喜歡胸大的女性
這種男性陽剛又外向，多半是運動健將或花花公子。

喜歡苗條雙腿
這種男性極富社交性，自我表現欲又強，但也有善於照顧別人的一面。

喜歡嬌小的女性
這種男性內向又含蓄，有堅毅忍耐的一面。

髮型

長髮

不愛與人競爭對抗的類型，頭髮把耳朵遮住，代表不想接觸外界的訊息。

和尚頭

為人充滿魄力，好惡分明，跟清爽的外觀表裡如一。當上領袖以後會非常拚命。

金髮

想要彰顯自己陽剛有力的類型，對自己的男子氣概有信心，想獲得旁人認同。

短髮

執著於男子氣慨的類型，對待女性溫柔又可靠，但也有想支配對方的感情。

第一印象果然很重要？

第一印象對日後的人際關係有重大的影響。美國心理學家艾許曾做過一個實驗，方法是先唸出某個人物的特徵，再讓實驗者描述對那個人物的印象。

實驗結果如下，A給人能力超群、人品不錯的印象，只是稍微有些缺點；B給人缺點較為明顯的印象，而且似乎不是什麼好人。事實上，A和B的特徵完全一樣，只是唸出來的順序不同罷了。一開始唸出來的特徵是好是壞，會決定第一印象的好壞。這也代表第一印象確實很重要。

4 從隨身物品分析心態

個人愛用的隨身物品，幾乎算是身體的一部分，也可以說是使用者的性格象徵。確認一個人的隨身物品，或許能看出對方的心態。

鞋子

沒鞋帶的鞋子

▶ 充滿男子氣概的類型

選擇不用綁鞋帶的鞋子，重視實用性和功能性，會仔細分析自己需要什麼，屬於無拘無束的自由性情。雖然做事不按牌理出牌，卻是很有風骨又陽剛的類型。

有鞋帶的鞋子

▶ 凡事小心謹慎

選擇有鞋帶的鞋子，主要是沒有穩固繫上鞋帶，就會感到不安。這等於是靠繫鞋帶來壓抑自己的情緒，這種人凡事講求小心謹慎，不喜歡冒險。

沒有包覆腳跟又容易穿脫的鞋子

▶ 大而化之又自由自在的人

像拖鞋或懶人鞋，都是穿脫方便的鞋子。喜歡穿這種鞋子的人性格大而化之，而且容易相處。不過，也由於大而化之，不喜歡獨占欲太強的人。

確實包覆雙腳的鞋子

▶ 自我防衛的本能很強

選擇耐用厚實的鞋子，代表害怕受傷的自我防衛本能極強，給人一種頑強又難以突破心防的印象，其實內心十分纖細。為人缺乏自信，不穿厚實的鞋子就不安心。

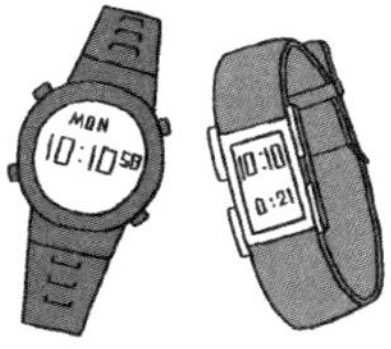

便宜手錶

▶ **見異思遷的類型**

有錢卻買便宜手錶的人，認為手錶壞掉或看膩了再換一個就好，屬於見異思遷又不執著的類型。

舊式手錶

▶ **優柔寡斷的類型**

對小事非常細心，但有優柔寡斷的一面。習慣遵守規律，卻無法果斷做出決策。

電子錶

▶ **充滿靈感的類型**

電子錶可以一眼看出時間，喜歡這種手錶的人，講究邏輯思維，而且極富靈感。擁有各式各樣的點子，決策速度也快。

沒戴手錶

▶ **討厭束縛的類型**

嚮往自由，不喜歡被時間束縛的類型。為人有比較懶散的一面，因為討厭被束縛，不擅長遵守規律。

高價手錶

▶ **講究合理的類型**

高價手錶是財力的象徵，這種人重視地位和外表。喜歡高價的東西，也可以說是嚮往雍容華貴的類型。

手錶象徵女性？

對手錶有一套堅持的通常是男性，其實手錶是經常戴在身上的東西，也形同是異性或另一半的象徵。看一個男性對手錶的喜好或使用方式，就能看出他喜歡什麼樣的女性，以及對待女性的方式。

包包

有附鎖頭的包包

▶ **嚮往公私分明的交往方式**

選擇有附鎖頭的包包，代表當事人不喜歡別人踏入自己的領域，與別人交際十分慎重。換句話說，附上鎖頭是一種保護個人領域的心態。

老舊的包包

▶ **擇善固執的類型**

邊邊角角有破損、表皮磨破，仍舊不肯換新的，這種人有一套自己的堅持。只要是自己喜歡的東西，就不會受到別人的意見影響，有保守又不知變通的一面。

包包裡隱藏了多少不安的要素？

包包算得上是一面映照人心的明鏡，通常包包裡都會裝入必要的東西，一個人攜帶的包包越大，代表內心也越不安。這種人害怕外出遇到突發狀況，所以會事先準備多一點的東西來預防萬一。換句話說，容易感到不安的人，有攜帶大包包的傾向。一般來說，男性攜帶的物品比女性少（▸▸P52）。女性習慣做足準備，相對地，男性對於意外狀況比較不會感到不安。

背包

▶ 細心謹慎的類型

使用背包活動起來較為輕便，雙手也能自由活動。喜歡背包的人凡事講求合理性，而且充滿行動力。兩手能自由活動，代表可以隨時應付打鬥狀況，有這種心態的人，也有特別細心謹慎的一面。

小包包

▶ 毫無迷惘的類型

小包包只用來裝錢包和鑰匙這一類的必須品，不會裝多餘的東西，會用這種包包的人屬於毫無迷惘的類型，他們認為只要保有重要的物品即可。

公事包

▶ 不會透露感情的類型

公事包外觀上厚實穩固，一看就是裝有重要的東西。使用這種包包的人，屬於堅毅又不會透露情感的類型。擁有自己的一套想法，不允許外人的干涉和介入。

手提袋

▶ 我行我素的類型

手提袋的上方有開口，喜歡用手提袋的人性格大而化之，就算包包的開口無法闔上，也不會感到不安，通常是自我防衛本能較弱的類型。也有我行我素的一面。

有許多袋子的包包

▶ 完美主義的類型

有許多小袋子的包包方便又好用，但從心理學的角度來看，這是完美主義者或有強迫性格的人喜歡用的包包。這種人會妥善管理自己的東西，對不完美的事物會感受到壓力。

從時尚品味分析性格

一個人的個性和性格，會呈現在時尚品味上。尤其男性多半有一套自己的堅持，很多男性的時尚品味獨特，完全不下於女性。

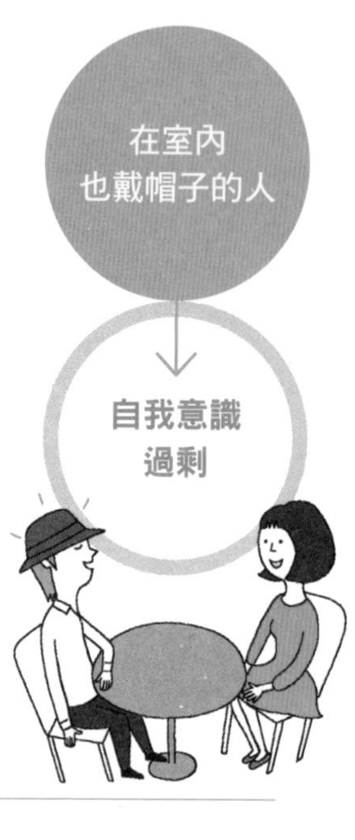

很在意旁人眼光的類型

過去的人戴帽子是出於實用目的，好比遮陽或防寒。現在人則是把帽子當成時髦服飾的一部分。在室內也會戴帽子的多半是男性，乍看之下會給人一種很時髦的印象。

實際去了解這種人的心態，你會發現他們是**自我意識極強的類型**，總是**很在意別人對自己的看法**。他們對自己的品味有信心，也會要求自己保持時髦外型。由於自我意識較高，也有**細心體貼**的一面，**整體來說知覺相當敏銳**。這種人會敏銳察覺周遭狀況，判斷當下氣氛，能夠輕易和別人溝通。

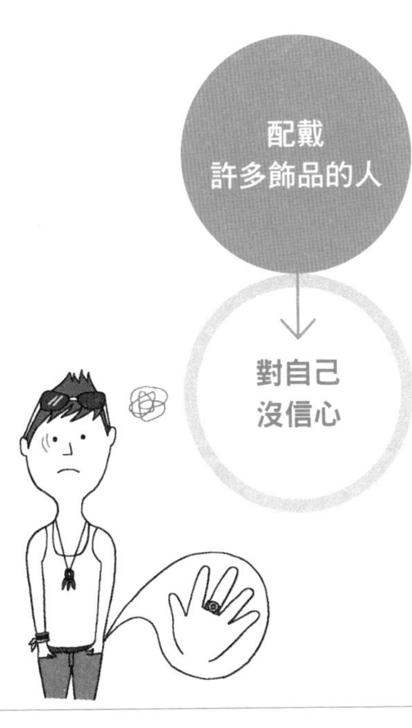

穿戴盔甲對抗不安

女性配戴飾品是要打扮自己，男性配戴飾品則是想用那些東西，來**彌補匱乏的信心**。

好比大型的戒指或耳環，乍看之下給人一種恐怖、帥氣、個性鮮明的印象，但那純粹是當事人想要表現出來的形象。身上配戴的飾品越多，代表**想跟自己追求的形象同化**（▶▶P232），是缺乏信心的呈現。

人類對自己身體抱有的形象稱之為「自體形象」，至於用來塑造自己外在形象的物品（好比衣服或飾品），則稱為「自體形象邊界」。無法界定自己和他人形象差異的人，對於自己在別人眼中的形象缺乏信心，所以才用飾品當「盔甲」來保持安心感。

害怕落伍

有些男性對流行服飾很敏感，他們會及早確認時裝雜誌上的資訊，購買流行衣物來穿。乍看之下，這種人積極走在流行的尖端，而且很努力彰顯自己時髦的形象，但實際情況正好相反。

追逐流行的人害怕趕不上潮流，**落伍會讓他們感到忐忑不安**。也可以說，落伍的不安會讓他們產生恐懼感。這種人對自己的判斷力沒信心，做事也缺乏決斷力，屬於**依賴心比較重的類型**。

那麼，真正走在流行尖端的人，到底喜歡什麼樣的時尚風格呢？真正走在流行尖端的人時尚風格與眾不同，不會被流行趨勢束縛。這一類型的人自我表現欲極強，他們想要成為領導潮流的先驅，反而會刻意避開流行的事物。

戴平光眼鏡的人

↓

對自己的五官沒信心

對理想的自我形象充滿嚮往

如今在世人的眼中，平光眼鏡儼然是一種時尚的飾品。尤其男性對小東西很講究，有些人還會蒐集眼鏡。

戴上眼鏡給人一種時髦帥氣、沉著知性的印象，因此眼鏡算是一大人氣飾品。多數人戴眼鏡只是要讓自己更好看，這代表他們想掩飾自己對五官的自卑，**展現出比較美好的一面，或是有想要成為別人的心願**。

選用的平光眼鏡類型，也會突顯出當事人的心態。選擇方框眼鏡的人，想要塑造出知性的形象。圓框眼鏡則給人溫和的印象，至於上框粗、下框細的眉線鏡框，會襯托出配戴者的臉部輪廓。波士頓鏡框是帶有圓弧的倒三角形，有一種沉著的印象。看一個人戴的眼鏡，就知道他嚮往的自我形象是哪種類型了。

從口頭禪分析心態

有些人的口頭禪是刻意為之，
但大多數人的口頭禪都是不經意說出口的。
口頭禪是與當事人形象有關的一大特色，同時也暗示著當事人內心的糾葛。

沒有啊

有話想說
卻說不出口

按照字面上來看，這就是「沒有任何事」的意思。事實上，這句話隱藏著有話想說卻說不出口，或是根本不願意開口的心態。這是在**壓抑有口難言的情緒**時，所使用的字眼，反正說了也是白搭，或是害怕說出不該講的話。常講這句話的人，可能積壓了許多挫折情緒。

喜歡發號施令

經常主動歸納談話內容的人，喜歡用這樣的口頭禪。團體中確實需要發號施令的人，但這樣的心態過於強烈的話，發號施令的方式可能會過於自我中心。因此，他們會以對自己有利的方式歸納談話內容，每次談話不斷說出這句口頭禪。

「換句話說」是在歸納說明或主張以後，用來發表結論的詞句。常用這句話的人，**講話時多半缺乏條理**。因為說明的技巧不好，只好用「換句話說」來假裝自己的談話有條理。這種人只說自己想說的事情，結果卻沒辦法好好歸納，乾脆就用這句話勉強做總結。到頭來別人根本聽不懂，純粹是徒增混亂罷了。

愛講道理的人都喜歡用這句口頭禪，反正無論如何都要表達自己的意見，所以都用這句話勉強串聯前後文。

不過

想引人注意

「不過」是用來表示藉口或反對意見的詞句，但使用這句話也有「引人注目」的念頭。明明認同別人提出的方向，卻又想表示意見，讓別人聆聽自己的主張。習慣用這句話的人，幾乎說不出什麼像樣的藉口，也沒有明確的反對意見。通常只是**想表達自我主張，獲得旁人的關注**而已。

這種負面詞彙多半用來推諉卸責，是眾人不樂見的詞句之一。

這也沒辦法

說給自己聽的藉口

常對自己說這句話的人，主要是**想在失敗的時候替自己找藉口**。這又稱為「自我設限」（▶P74），這樣在失敗的時候，可以主張自己是受到阻礙才失敗的。

比方說，有人在簡報當天說自己沒準備好資料，如此一來失敗的原因就是準備不足，而不是自己的能力不夠。會先打這種預防針的人，對自己很沒有信心，失敗了也習慣用「無可奈何」來安慰自己。

原來如此　是說啊

不會講話又愛講

「原來如此」是在同意對方說詞，或佩服對方時所用的詞句，至於「是說啊」則是反駁時在用的詞句。這兩句話都是對方握有談話主導權時，才會用到的話語。常講這兩句話的人並不是無心打岔，而是想刻意**透過打岔的方式，重新奪回對話的主導權**。這種人在說完「原來如此」以後，多半會加上「不過」等反對的用語。

這類型的人只顧表達自己的意見，不會聆聽別人的說法，更不擅長溝通對話。

我們

想要當領袖

常用這句口頭禪的人，主要是想宣示自己是團隊中的領袖。等於是在無形中告訴其他的成員，**自己有資格歸納伙伴或團隊成員的意見**。

這種人做事也算得上積極有幹勁，但這種以領袖自居的傲慢態度，會讓他們在實際當上領袖以後，做出自以為是的事情。例如濫用領袖的身分壓下眾人的意見，做出獨斷專行的決策或行為。換言之，這類型的人沒資格擔任領袖，也不值得信賴。

絕對

不負責任的人

「絕對」其實是很有份量的一句話，當一個人說出這句話以後，如果沒有非達成目標不可的氣魄和信心，是不可能成功的。那麼，常把「絕對」掛在嘴邊的人，是不是真有這樣的氣魄和覺悟呢？其實不然。那些動不動就用「絕對沒問題」來打包票的人，**平日得不到周遭的信賴，所以才會濫用這句話**。萬一不小心失敗了，就用無可奈何來安慰自己，對於自己做出的承諾絲毫沒有責任感。

喜歡撂英文

對自己的知性沒信心

現在職場和日常生活中，充斥各式各樣的英文用語，好比Evidence、Scheme、Priority、Default、Matter等等。喜歡撂英文的人，給人一種精明幹練的印象，但太常撂英文，別人反而聽不懂，會造成溝通上的障礙。動不動就撂英文的人，有**誇大自身實力的傾向**。即使說明缺乏條理，只要加上幾句英文聽起來就很有見地，可以展現自己很聰明的印象。

口吻過於謙恭

為人戒心極強又有自卑感

對年長者、上司、前輩說話恭敬是理所當然的事，但有些人對待熟人、親密對象、甚至對晚輩都很恭敬，這是想跟其他人保持距離的心態，可能**跟其他人深交會感到不安**。

另外，有強烈自卑情結的人，也有類似的特徵。他們害怕被輕視或看不起，所以會使用恭敬的口吻說話，但態度矯揉造作又近似嘲諷。

講話大聲

其實很膽小

講話大聲的人多半有種開朗又快活的印象，但事實正好相反。講話一向大聲的人，有可能是非常在意旁人看法的膽小鬼。

人類在關鍵時刻或談論有信心的話題時，才會發出比較大的聲音。不過，說話經常保持巨大音量的人，有意向周圍展示自己很有自信。**為了隱藏軟弱或缺乏信心的一面，才會刻意大聲說話**。

真正口才好的人，不會刻意大聲說話。

愛說冷笑話

想彰顯自我

有些人很喜歡講冷笑話，就算換來眾人白眼或苦笑也在所不惜。這種人只想獲得關注，不介意使用任何方法。本來工作能力、人格魅力、外觀魅力才是吸引別人的要素，但要掌握這些能力並不容易，因此**只好用比較簡單的方法，說冷笑話來引起關注**。

就算旁人聽得很煩，只要能在大家心中留下愛搞笑的形象，他們就會覺得自己非常有存在感，並且感到心滿意足。

絕不能對男性說的話

對女性來說無傷大雅的一句話，很有可能帶給男性莫大的心理創傷。就算女性的本意是在讚美對方，男性可能會有完全相反的感受，這一點很難拿捏。尤其最好不要說出一些看輕對方男子氣概的語言。

✖ 你真不可靠

或許女方只是無心之言，但這句話對男性來說很嚴重。不可靠等同「缺乏男子氣概」，男性會覺得自己被否定。

✖ 你開車技術真差

很多男性認為，開車是男性的工作，女性乖乖被載就好。而且男性自認為比較懂車，萬一被女性說駕駛技術差，會感到內心受傷又火大。

✖ 你好可愛

這句話用來稱讚男性身上的物品，還算得上是一句讚美，但用來稱讚男性的外觀，男性會覺得自己沒被當成男人看待。

✖ 你是個好人

乍看之下這是一句讚美之詞，但男性聽到一點也不開心。好人等於怎樣都好的人（不是戀愛對象），所以稱不上真正的讚美。

✖ 你體力真差

不管對年輕男性還是年老的男性，這都是一句傷人的話。平均上來說男性的體力比女性要好，體力是男性彰顯「男子氣慨」的一大指標，因此這句話很傷人。

✖ 你酒量不好

酒量不好的男性，對酒量好的男性有一種嚮往之情，甚至對酒量不好感到自卑。這種人很在意自己酒量差會被其他人看輕。

✖ 你好瘦喔

女性多半希望身材苗條，這句話是女性在表達羨慕之情，但男性聽在心裡會很受傷。他們會覺得自己的身材跟充滿肌肉的陽剛體格無緣。

✖ 你好無趣

男性很在意自己是不是一個有趣的人，萬一被批評無趣，男性會覺得自己缺乏魅力。

✖ 你皮膚好白

不少男性對白皙的皮膚有種自卑感，黝黑的肌膚給人精悍和可靠的印象。被女性說自己的皮膚白，男性會覺得自己在女性眼中不可靠、缺乏男子氣慨。

8 從睡姿分析性格

美國精神分析學家丹凱爾表示，一個人的深層心理會呈現在睡姿上。睡姿是無意間做出來的動作，可以看出一個人緊張或放鬆的程度。

1 胎兒型

像胎兒一樣橫躺縮起身子的睡姿，這種人喜歡沉浸在自己的世界裡，屬於戒心極強又充滿依賴性的類型，可能有不善交際的煩惱。

仰睡型

對自己很有信心，性格開放又大而化之。不拘泥於小事，可能無法察覺對方細膩的感情變化，而傷害到對方。

趴睡型

如同抱住母親的睡姿，常見於自我中心的人。性格有嚴謹的一面，無法容忍別人的失誤，經常承受許多壓力。

冬眠型

把頭縮進棉被裡的睡姿，這種人有深刻的洞察力，但為人纖細敏感，容易因為小事煩惱，經常表現得很消沉。

5 摟抱型

雙腿夾住棉被或枕頭的睡姿，這種人理想過於崇高，對於無法達到理想感到不滿，也有可能是性欲得不到滿足。

6 史芬克斯型

撐起腰部的睡姿，小孩比較常用這樣的睡姿，常見於神經質或容易失眠的人身上。

7 山型

神經質又易怒，記憶力雖然不錯，但喜歡計較小事，愛記仇，有過於計較的傾向。

8 半胎兒型

側躺稍微彎起膝蓋的睡姿，性格均衡有協調性，人品敦厚，卻也有優柔寡斷的一面，但沒有太大的煩惱。

分析
媽寶程度

Question

你跟朋友一起去露營， 當你獨自在附近的林中散步時， 剛好遇到一頭熊迎面走來， 這時候你心裡在想什麼？

A **快點逃！**

B **完蛋了！要死了！**

C **也許我能跟熊熊好好相處……？**

Answer

「熊」是象徵母親的動物，看男性對熊抱有什麼感情，就知道他對自己的母親抱有什麼感情了。

A 媽寶程度 0%

會逃離熊的人，明白母親和自己是不一樣的個體，長大成人後也不會依賴母親，只會感念母親勞苦功高。

B 媽寶程度 50%

選擇逃跑或戰鬥之前，先想到自己可能遇襲死亡，這代表精神上還不夠獨立。雖然有獨立的心情，但潛意識還是想依賴母親。

C 媽寶程度 100%

不認為熊會攻擊自己，甚至想跟熊當好朋友，這種人追求濃烈的愛情。長大成人後，也會持續尋求母愛。

人心藏有許多的祕密，請用這個心理測驗測試周圍的男性，探究他們內心的祕密吧。

分析 成長性

你正在打掃寺廟的走廊，這一條走廊非常長，你已經打掃到何種程度？

- A 剛剛打掃完了
- B 快要打掃完了
- C 打掃到一半
- D 才正要開始

ANSWER

很長的走廊代表「達成目標的過程」，看男性處於哪一個階段，可以看出未來精神層面上的成長性有多高。

A 成長性不滿25%

很長的走廊已經打掃完了，這代表當事人覺得自己早就獨當一面。因此，今後可能沒什麼成長性。

B 成長性在25%以上，不滿50%

很長的走廊快要打掃完了，這代表當事人覺得自己還算獨立成熟。這種人有輕忽大意的一面，今後的成長是未知數。

C 成長性在50%以上，不滿75%

很長的走廊已經打掃一半了，這代表當事人覺得自己最近大有長進。因為有了自信，今後很有可能繼續成長。

D 成長性在75%以上

很長的走廊才剛開始打掃，這代表當事人覺得自己還不成熟，今後要更加努力才行。即使現在還不成熟，未來的成長性值得期待。

分析
雙面人的程度

你在一座高塔上， 望向底下陰暗的樹林。 你想進去樹林一探究竟， 實際進去以後， 你認為樹林比較符合下列哪一種印象？

A 意外的開闊明朗

B 陰暗的印象

C 跟原先的印象有些不一樣

D 跟原先的印象完全不一樣

ANSWER

樹林象徵一個人的「潛意識世界」，從高塔上看到的樹林，跟實際看到的樹林印象差距越大的話，代表很有可能是雙面人。

A 幾乎表裡如一

覺得樹林的印象開闊明朗，代表表面上和私底下都是開朗的性格，相對來說是比較表裡如一的類型。

B 有點雙重人格

這種人知道自己內心有陰險的一面，因為有自覺，所以雙重人格的程度並不高。

C 輕度的雙重人格

會不經意地動歪腦筋，做出奇怪的事情，可能也不太受到旁人的信賴。

D 重度的雙重人格

這種人或許有嚴重的雙重人格傾向，表面上的言行和私底下的想法完全不一樣。因此，常會矢口否認自己說過的事情。

分析
成為跟蹤狂的潛力

你失戀後走在大街上， 正好看到一家古玩店， 裡面有很多你感興趣的東西。 這時候你會進去逛看看嗎？

A 在外面看就好

B 幾經猶豫後進去看

C 絕對不進去

D 一定會進去

ANSWER

古玩代表「過去的象徵」，看一個人對過去的象徵有多少留戀，就能知道他對伴侶或過去的戀人有多執著。

A 幾乎沒有跟蹤狂的潛力

這種人分手以後，會以積極樂觀的態度追尋新的邂逅。而且會丟掉對方的照片或充滿回憶的物品，試圖忘掉一切，不太可能成為跟蹤狂。

B 不會成為跟蹤狂， 但多少有點跟蹤狂的性情

這種人會反覆閱讀對方傳來的簡訊，或是不斷累積一些不敢傳給對方的簡訊。只會在自己心裡幻想跟蹤狂的行為，不會真的給對方添麻煩。

C 假裝平靜， 卻有可能突然成為跟蹤狂

這種人不肯承認分手的事實，表面上會裝得很平靜，一旦超出忍耐極限，就會認定對方還喜歡自己。

D 很有可能成為跟蹤狂

對老舊的東西很執著，代表也有可能眷戀分手的對象。被甩了以後會耿耿於懷，希望重修舊好、破鏡重圓。萬一對方不願意，就會化身為跟蹤狂。

分析
未來的成功性

你正在打工分發傳單， 再發完一箱就統統結束了。 請問， 那一天發傳單的工作你要花多久才發得完？

A 一下就發完了

B 三小時才發完

C 五小時才發完

D 一整天才發完

ANSWER

從發傳單所耗費的時間，可以看出一個人會用什麼樣的工作方式，來達成自己追求的目標。

A 會成功， 但也有風險

希望盡早完成任務的人，有容易成功的天資。將來在社會上很有機會功成名就，但也有貪功躁進的一面。

B 要有一點巧思才會成功

花三小時才發完傳單的人，願意付出努力來達成目標，會腳踏實地累積成果。因為肯吃苦努力，只要再加上一點巧思就更有機會成功。

C 光靠努力無法成功

花五小時才發完傳單的人，就算努力也不見得能獲得成果。說不定是努力的方向錯誤，最好重新審視一下自己努力的方法。

D 或許無法成功

花一整天才發完傳單的人，屬於很難成功的類型。或許當事人覺得自己努力工作，但那純粹是在做別人交辦的事項，想要成功還需要更多的熱忱和努力。

第6章

從興趣和喜好分析男性

喜歡釣魚的男性

有釣到魚和沒釣到魚都很開心？

釣魚的過程才是樂趣所在

釣魚是風行全球的一種興趣，雖然活動目的非常單純，但場所有分海釣和淡水釣，釣法也有分擬餌釣和飛蠅釣等等，是一種深奧又趣味的活動。

據說，熱愛釣魚和人類的「狩獵本能」有關，其實釣魚的魅力在於垂釣的過程。在自然環境中釣魚，你必須選擇合適的器材、方法、餌料。另外，天氣隨時都在改變，魚也不會永遠在同一個地方，沒有任何一個環境的條件是一樣的。釣客得在這種困難狀況下，做出精確的判斷，使用理想的方式釣魚。而且，有些魚在釣之前得先花時間做功課，成果取決於當下的判斷力和事前的準備功夫。

因此，喜歡釣魚的人**懂得做好準備來達成目標**。釣魚的技術越高超，**判斷力和行事手段就越優異**。

釣魚的樂趣在於部分強化

達成目標會產生快感，也就是所謂的成就感。釣客為了獲得這種快感，會更沉迷在釣魚的世界中。從心理學的角度來看，這很類似**「部分強化」**（▶▶P59）的心態。部分強化的意思是，

＊**持續強化和部分強化**　每一次行動都會得到報酬，就是所謂的持續強化，好比穩定的酬勞就是如此。而像賭博那種偶爾才有報酬的活動，屬於部分強化。

做某件事情久久才會得到一次成果，這種「久久一次」的成果會挑逗人心。部分強化要經歷多次失敗才享受得到成果，跟一定會得到成果的「*持續強化」相比，快感要大上許多，也容易讓人沉迷。

另外，基本上釣魚不必呼朋引伴，男性天生喜歡單獨行動（▼P42），這種興趣很適合男性。喜歡釣魚的人會不經意地安排獨處的機會，在日常生活中**調適自己的身心**，也可以說是喜歡孤獨的類型。

沉迷部分強化的原因

一般人都以為，人類比較喜歡一定有回報的行為。事實上，久久才有一次回報的行為，才會讓人沉迷其中。

部分強化的魅力

釣魚不見得每次都能釣到大魚

可能釣到的不是自己想要的魚，或者根本釣不到。

↓

偶爾釣到大魚就會非常開心

越是釣不到，釣到以後就越開心。

↓

忘不了釣到大魚的快感，於是又想去釣魚

難得釣到大魚的快感，會壓過一直沒有釣到魚的不滿。

部分強化會刺激依賴性

喜歡登山的男性

按部就班達成目標的活動，容易感受到自我效能

登山的成就感會刺激熱忱

熱愛登山最主要的一個原因是，可以享受到按部就班達成目標的喜悅。當一個人面對目標或課題時，會期望依靠某種方式來達成目標。在心理學的領域中，這種期望稱為「**績效期望**」，而期望自己成功則稱為「**效能期望**」。這兩種結合在一起，才會產生「自己有本事達成目標」的信心，這又稱為「*自我效能感**」。人類要對目標或課題有足夠的自我效能感，才會願意積極努力，這就叫「**自我效能感理論**」。

根據這個理論的說法，多去做一些容易達成的目標，有助於提升自我效能感。有了高度的自我效能感，才會努力去追求更大的目標。登山能享有攻頂的成就感，而且有簡單的健行和困難的高山可供選擇，是一種容易感受到自我效能的休閒活動。

追求刺激的T型人格

男性通常喜歡登山或攀岩這一類有風險的活動，這種特質稱為「**T型人格**」，曾經有人做過相關研究。T型人格的人，**腦部需要有高於常人的刺激，才會產生舒適的感受**。誘發T型人格的因子和男性的Y染色體有關，因此T型

＊**自我效能感**　期望依靠某種方式來達成目標，並相信自己能夠成功。跟一個人行動時的動力高低有很大的關係。

人格常見於男性。

原始時代男性面臨嚴苛的生存競爭，所以需要分泌大量的**多巴胺**（▼P219）等亢奮性神經傳導物質。男性的腦部長期受到亢奮物質的影響，對亢奮物質的感受度比女性來得低，在現代社會中較不容易感受到興奮。有鑑於此，男性會追求風險來獲得更多的神經傳導物質。

達成目標的自我效能感理論

一開始應該先訂立大的目標，還是小的目標？究竟何種程度的難易度，才會激發達成目標的動力呢？

自我效能感理論

期望依靠某種方式來達成目標，這種期待感稱為「績效期望」。相對地，期望自己有能力達成目標則稱為「效能期望」。一個人必須同時具備這兩種期望，才會產生幹勁繼續努力。

績效期望
期望依靠某種方式來達成目標。
一天簽下兩件合約，就能達成一個月簽下三十件合約的門檻了。
+
效力期待
相信自己能辦到要求，達成目標。
我一定可以一天簽下兩件合約。
達成目標
1月
2月
3月

對自己的車子有所堅持

愛車是自己的分身，也是自己重要的歸宿

車子是身分和經濟實力的象徵!?

有時候，我們可能對某個人一點興趣也沒有，但那個人在某些方面很活躍，因此我們對他的印象徹底改觀，開始關注他的相關訊息。相信各位都有類似的經驗吧？這種心理狀態又稱為**「月暈效應」**（▶▶P102）。當一個人有鮮明的特色（好比外貌、職業、能力特別出眾），我們就會受到那種特色的影響，對其他的層面做出評價。

其中，**駕駛高級轎車比長相或能力更容易獲得月暈效應**。因為汽車的形象容易和駕駛者的形象連繫在一起，衣服和手錶也是如此，但那些東西要仔細看才看得出是高級品，汽車相對之下比較好認。高級轎車會讓人聯想到駕駛者的經濟能力，即便駕駛者不一定很有錢。男性買車會想利用這一層效果，向旁人或女性展現自己的身分和經濟實力，因此男性特別嚮往高級轎車。

追求完美的自我形象

男性特別嚮往強大的事物，汽車是帶給男性強悍形象的重要道具。當男性進入堅固的車身當中，雙手放在方向盤上，就覺得自己好像駕

＊**領域**　個體動物或群體動物所占有的領域，會發出訊號排斥他人入侵，主要是用來確保食物、巢穴、配偶。

駛機器人的動畫主角。這屬於一種**「英雄願望」**和**「同化」**（▶P138）心態。男性會花錢改裝車子的性能和外觀，主要都是想讓自己看起來更加強大。

另外，車子也是一個獨立的空間，那裡有點類似男性「專屬的基地」，也可以說是個人的專屬*****領域**，能享有片刻的寧靜，不受外人的侵擾。對男性來說，車子不但是對其他人的炫耀品，同時也是自己的歸宿和重要伙伴。

從愛車分析男性心理

車子就像男性的分身一樣重要，從男性選擇的車款，可以看出其深層的心理狀態。各位不妨確認一下其他男性的車子，或許會有趣味的發現。

從車款分析心態

四輪驅動 → 英雄願望

四輪驅動給人堅固耐用的形象，嚮往「強大」的男性特別喜歡這種車。他們會把自己和愛車同化，藉由駕駛四輪驅動車，來滿足追求強大的願望，這是一種英雄願望的呈現。

高級車 → 自我表現欲或月暈效應

「高級車」給人功成名就的印象，實際成功的人開這種車，代表有強烈的自我表現欲，想要炫耀自己的功績。至於沒成功還開高級車的人，則是希望發揮「月暈效應」（▶P102），讓別人以為自己是成功人士。

跑車 → 競爭心極強

在男性賀爾蒙的催化下，男性天生有比較強的競爭心。會覺得速度快才有價值的人，屬於競爭心特別強的類型。

喜歡學習才藝的男性

盲目相信自己的可能性，或是準備更上一層樓

學習才藝為了什麼？

有些男性喜歡學習各種才藝，好比運動、語文、樂器、攝影、廚藝等等，各位身旁有沒有這樣的人？住信ＳＢＩ網路銀行曾做過一項「才藝觀念」調查，對象是八萬名二十到五十多歲的男性和女性。有在學習才藝的男性占了百分之二十，女性則占百分之三十八。人們每月花在才藝上的金額，平均是一萬兩千零二十七元。在多項才藝種類中，男性最常學的依序是語文和運動，接下來才是證照相關才藝。

而學習才藝的理由，第一名是出於個人興趣，第二名是出於工作需求。換句話說，很多男性學習才藝，是希望活用於職場上。

學習才藝也是在探索自己

學習才藝乍看之下是很有上進心的事情，但有些人不斷學習用不到的才藝，過了青年期以後也無法履行社會人士的義務和責任。這種人跟**「認同未定族群」**（➡P45）一樣，永遠都在摸索自己的角色。一般人小時候會夢想成為運動員、漫畫家、歌手，隨著年紀漸長會慢慢放棄夢想或轉換跑道，尋找適合自己的道路。

不過，認同未定族群永遠認為自己有無限的可

＊**青鳥症候群**　無法接受眼前的現實，永遠認為還有更好的選擇在等待自己，不斷追尋茫然的目標。不管做什麼都擺脫不了父母監視的人，容易陷入這樣的困境。

能性，所以會**學習各式各樣的才藝**，**替自己的蛻變做準備**。他們對於組織、團體、社會缺乏歸屬意識，做任何事都淺嚐即止，動不動就想學習新的才藝。

另外，想要考取各種證照也算是一種類似的徵兆，畢竟擁有多一點的證照，換工作就有更多的選擇。這種傾向符合**「*青鳥症候群」**，因為不肯接受自己的現狀，才不斷地換工作追逐理想。

男性都有**想贏過別人的競爭心**，或許這也是男性**不願放棄可能性**的原因。

青鳥症候群的例子

罹患青鳥症候群的人，永遠無法接受自己的現狀，盲目地追求更好的結果。不管做任何事情，或是處在哪一種情況下，都沒辦法持之以恆，馬上就想追尋新的目標。

一開始學習才藝可能有明確的目標，好比出於個人興趣或想考取證照，但過沒多久就會厭倦，再次追求新的目標。不停換工作也是同樣的狀況。

太過火的話

可能演變成「懈怠症候群」

嘗試各種東西後，就算達成了目標，之後也會欲振乏力，再也提不起勁做事。

喜歡音樂的男性

發揮感性表現自己的情感

音樂表現也是一種自我表現欲

音樂有治癒心靈、激勵人心的作用，據說運動員也會聽喜歡的音樂，來提升專注力。

熱衷於音樂活動的男性，有展現自身感性和情感的傾向，這稱得上是一種**自我表現欲**。通常男性的右腦較為活潑，而右腦掌管情緒和感情。女性擅長左右腦並用，會透過談話來表現自己；男性則會專注在某一件事情上，或是**透過感性的音樂呈現來表達自己**。有些男性參加樂團活動，**純粹是想討女性歡心**。那麼，玩音樂真的會比較有魅力嗎？

音樂有辦法擄獲芳心!?

美國心理學家米拉和漢賽頓，曾經做過一個實驗，調查玩音樂的男性是否贏過有錢但其貌不揚的男性。他們找來一位貧窮卻有音樂才華的藝術家，另一位則非常有錢，可惜缺乏藝術方面的知性。然後，讓那些正處於受孕高峰期的女性來挑選。結果發現，女性確實比較喜歡有音樂才能的人。為什麼會有這樣的結果呢？

人在聽音樂的時候，**「A10神經」**會刺激腦部中央邊緣皮質的**「*依核」**，增加腦內麻藥**「多巴胺」**的分泌量。這種物質會影響到一個

***依核**　科學證明依核和快感的形成有關聯。有腦部科學家表示，刺激這個部位可以促進讀書的幹勁，而這樣的主張也受到矚目。

人的行動力、思考力、幹勁、感情、記憶。邊緣皮質控管人類維生的各種基本活動，好比喜悅的感情、吃飯睡覺等等。另外，聽覺上的刺激會直接影響到感情，因此音樂有撼動感情、擄獲人心的作用。控制情緒的大腦接收到舒適的音樂後，就會衍生出愉快的心情，對演奏音樂的人抱有好感。

利用音樂刺激 A10 神經

音樂會帶給人愉快和療癒的感受，這跟「A10」神經細胞大有關聯。

何謂 A10 神經？

聽音樂會刺激 A10 神經

腦部的下視丘到前額葉有連接許多神經，A10神經便是其中之一。當一個人聽音樂，控管情緒的A10神經，就會影響到腦部中央的依核。

分泌多巴胺

多巴胺又稱為幹勁賀爾蒙或幸福賀爾蒙，一經分泌後，會透過A10神經傳導至大腦。

帶來快感和幸福感

多巴胺一到大腦，就會產生愉快的心情。另外，當事人會產生幹勁克服萬難，來追求同樣的快感。

喜歡甜食的男性

是女性賀爾蒙還是壓力的影響？

女性賀爾蒙會影響對甜味的喜好

早些年，男性多半喜歡辛辣的食物和飲品（例如喜歡喝酒更勝吃甜食），喜歡甜食的人會被視為缺乏男子氣概。不過，現在男性嗜吃甜食儼然成為一種特色，也有不少男性公然宣稱自己喜歡甜食。這種男性究竟屬於何種類型呢？

據說，**一個人是否喜歡甜食，跟女性賀爾蒙的分泌有關係**。美國耶魯大學的尼斯貝特曾做過一個實驗，調查健康的男女幼童對普通牛奶和甜味牛奶的喜好。女性幼童多喝了百分之二十四的甜牛奶，男性幼童只多喝百分之六。

另外，尼斯貝特還用小白鼠作實驗，發現母鼠比較喜歡甜味，而這主要是受到卵巢賀爾蒙的平衡性影響。之後，尼斯貝特阻斷公鼠的男性賀爾蒙分泌，改打卵巢賀爾蒙，公鼠也變得喜愛甜味。因此，**喜歡甜食的男性或許女性賀爾蒙的分泌量比較多**。

容易緊張和不安的人也愛吃甜食

容易緊張或不安的男性，還有**戒心特別強的男性，也有嗜吃甜食的傾向**。

人在緊張或受挫折時，***腎上腺素**的分泌量會增加。這是一種維生所需的基本賀爾蒙，在防

***腎上腺素**　腎上腺髓質分泌的賀爾蒙，亦是一種神經傳導物質。亢奮時會大量分泌，提升運動能力和感覺器官的敏銳度，也有麻痺痛覺的作用。

範外敵或捕捉獵物時，會分泌出來提升運動能力，有提升心跳、血壓、血糖的作用。腎上腺素一經分泌，人體會消耗更多能量，提供能量的血糖就會暫時減少，進而產生試圖補充血糖的反應。

換句話說，男性在緊張或不安的狀況下，感受到強烈的壓力、焦躁、憤怒，腎上腺素會消耗掉血液中的糖分，所以才會想吃甜食來補充糖分。

糖分和恐懼的關聯

喜歡攝取糖分不見得是個人喜好的問題，跟「不安」或「恐懼」等情感也有關係。

感到緊張或不安

壓力太大，或是在容易產生負面心態的狀況下，就會產生緊張不安的情緒。

分泌腎上腺素

當一個人感受到緊張、不安、恐懼，進而產生壓力的時候，就會分泌腎上腺素，激發全身的器官來對抗壓力。

●什麼是腎上腺素？

刺激恐懼情緒的賀爾蒙，有對抗壓力的作用，當腎上腺素釋出到血液中，就會刺激心跳和血壓。

腎上腺素大量分泌，糖分就會減少

腎上腺素一旦開始分泌，血液中的糖分就會被當成能量消耗，所以人體才會想補充糖分。

喜歡做便當的男性

對料理有幸福的回憶，覺得做便當很愉快

把下廚當作一件快樂的事

近年來，有越來越多男性會自己做便當，帶到職場或學校食用。有些人純粹是出於經濟壓力不得不這麼做，但也有人喜歡下廚。男性喜歡下廚，究竟是怎樣的心理狀態呢？

其實稍微分析那些喜歡做便當的男性，會發現他們從小就覺得下廚是件愉快的事情，而這主要是受到**「*聯想效果」**的影響。所謂的聯想效果，就是把某個事件或特定的訊息，跟過去的事件或訊息聯想在一起，進而影響到對某個事件的印象或判斷。

比方說，有個人記得母親的廚藝高超，一家人和樂融融地共享美食；或是父親在特別的紀念日親自下廚，煮菜給大家吃等等。這些情境讓當事人覺得**下廚是愉快的事情**，再加上母親做的便當給人「美味」的印象，因此對下廚也就沒有抗拒感了。或許是這個緣故，男性才會想要自己做便當。

鑽研學問和做便當的關係

從另一個角度來看，也能解釋男性喜歡做便當的心態。俗話說，廚藝也是一種藝術，下廚是一門深奧的學問。便當象徵的是一道完整的

＊聯想效果　過去體驗過的訊息或數據，由於印象太深刻，影響到後續事件的印象或判斷

料理，會展現出下廚者的特色和想像力，堪稱是一道「作品」。**男性有鑽研和追求完美的傾向**，一旦對做便當產生興趣，就很容易沉迷其中難以自拔，許多男性對便當的外觀和味道，甚至比女性還挑剔。

另外，有些男性認為廚藝精湛會營造出**「落差效果」**（➡P141），讓自己看起來更有魅力。一般人認為在家煮菜是女性的工作，如果男性率先打破這種觀念，幫忙煮菜或做家事，這種落差的效果會帶給女性好印象。

男性樂於下廚的心態

過往的體驗所遺留下來的印象，會對之後的行為和思考模式造成影響。「男性做便當」的意外之舉，或許也跟這種現象有關。

覺得下廚是一件愉快的事情

例如

母親廚藝高超，全家吃飯總是和樂融融。

父親平常也會烤肉給大家吃。

去餐廳吃過印象深刻的美食。

母親做的便當令人期待

男性對下廚這件事有好印象，所以願意親自下廚。

喜歡交通工具的男性

男性的視網膜對「會動的東西」特別敏感？

小男生喜歡會動的東西

多數男性都喜歡交通工具，好比電車、汽車、飛機、摩托車、自行車等等。在日本，喜歡鐵道火車的男性被稱為「鐵男」，國土交通省製作的官網上，也是用這種方式來稱呼鐵道愛好者，算是一種很普遍的稱呼方式。那麼，為何男性大多喜歡交通工具呢？

英國劍橋大學的研究團隊，曾對一百〇二名新生兒做過一項調查。實驗團隊慢慢垂下一個會動的吊飾，然後再找一個年輕女性對嬰兒默默微笑，看看嬰兒會注視哪一邊。

結果，絕大多數的**男嬰都對會動的吊飾感興趣**，遠比另一邊高出兩倍。相對地，女嬰多半對微笑的女性感興趣。換言之，男性天生對會動的物品有興趣。

男女視網膜構造的差異

事實上，這種差異來自於「視覺」構造和機能上的不同。眼睛的*視網膜會把光線轉化為神經訊號，當中包含了**視桿體和視錐體**這兩種感光細胞。視桿體掌管明亮度，視錐體則掌管色相。和視桿體相連的細胞負責捕捉**「動態」**，和視錐體相連的細胞則有**「識別」**物體的作用。

＊**視網膜**　若把眼睛比喻成相機，視網膜就相當於底片（感光膜）。除了視網膜細胞外，還有雙極細胞和神經節細胞等神經細胞構成。

分布在男性視網膜上的，主要是跟視桿體相連的**M細胞**。這種神經節細胞會察覺物體的**位置**、**方向**、**速度**。而分布在女性視網膜上的，主要是跟視錐體相連的**P細胞**。P細胞會察覺物體的**顏色和質感**。

讓小孩子塗鴉也能看出性別上的差異。小男生喜歡描繪動態景象，例如電車或汽車；小女生則喜歡用鮮豔的色彩，畫一些人物或植物。

有鑑於此，**男性喜歡會動的交通工具，主要是受到眼睛構造的影響**。

男女大不同

小孩遊玩的差異

男性和女性從小就有明顯的差異，這點從喜歡的玩具和繪畫就看得出來。這可能跟男女的眼睛構造差異有關。

玩具差異

喜歡玩小汽車或遙控車

男生的視網膜比較厚，對物體的位置、方向、速度較為敏銳。

喜歡玩人偶或布偶

女生的視網膜比較薄，對物體的顏色和質感較為敏銳。

繪畫差異

喜歡畫交通工具等動態物體

男生喜歡畫「動態」的物體，好比移動中的新幹線、火箭、汽車等等。

喜歡畫花或動物

女生喜歡畫人物或周遭事物，並塗上鮮豔的色彩。

崇拜偶像的男性

容易喜歡上經常接觸的對象是何種心態？

偶像曝光度越高粉絲越瘋狂

每一個時代都有人氣偶像，這些人氣偶像甚至能帶動社會浪潮。而狂熱粉絲的存在，更是與這些人氣偶像息息相關。

喜歡偶像的人這麼多，主要是報章雜誌和電視等媒體，持續讓偶像曝光的關係，這又跟所謂的「單純曝光效應」有關。所謂的單純曝光效應，意思是**當我們反覆和某個人接觸，就會對那個人產生好感**。看到或聽到對象（偶像）的次數越多，就會強化我們對那個人事物的好印象。換言之，粉絲會瘋狂愛上曝光度高的偶像，就是出於這種心理效應。而且這種現象不只限於偶像，我們對身邊的人也有類似的心態。

相對地，降低接觸頻率熱度就會衰退，也是單純曝光效應的特性之一。就算我們喜歡新登場的偶像，只要偶像的曝光度降低，熱情也就無以為繼。

落差和自我涉入

世上藝人多如牛毛，偶像的狂熱粉絲之所以比歌手、模特兒、演員還要多，主要是她們會頻繁舉辦小型的粉絲互動會、握手握、簽名會。**偶像雖然是一般人難以企及的存在，可是在握手會或**

＊**自我涉入**　對某件事投入得越深，就會有越強烈的感情，覺得那樣東西屬於自己，和自己有關。

簽名會上，有機會碰到那些偶像，實際感受到她們的存在；這也讓粉絲產生一種偶像並非遙不可及的期待感，對偶像的喜愛也更加狂熱。這樣的心態又稱為**「落差效應」**（▶P141），當一個人越熱衷追星，**「*自我涉入」**的心態就越強烈。

花錢參加活動和聽演唱會，購買專輯和寫真集，會讓粉絲覺得**自己跟偶像有很深的關聯**。這種自負的心態，會強化粉絲熱衷的程度。當一個人持續和偶像產生這樣的聯繫，熱情只會有增無減。

沉迷偶像的心態

男性沉迷偶像的原因，不外乎偶像很可愛、很符合自己對異性的喜好。然而，男性沉迷偶像還有其他的原因。

單純曝光效應

多次接觸一項人事物，便會留下深刻的印象，進而產生好感。

常在報章雜誌或電視上看到某位偶像，逐漸產生興趣。

落差效應

之後產生的情感和一開始的好奇心不同，情感開始被放大。

本以為遙不可及的偶像，原來近在眼前。

自我涉入

當一個人越投入某件人事物，就會產生越深厚的情感。

購買專輯和寫真集，參加每一場活動，漸漸產生濃厚的情感。

喜歡動畫的男性

覺得架空的角色比現實中的女性有魅力

可以投射自己的理想暢快遊玩

早些年動畫還是小孩子在看的東西，但現在二、三十歲還喜歡動畫的大有人在，有些人甚至沉迷到「宅」的地步。那麼，沉迷動畫的男性究竟出於怎樣的心態呢？

大多數被稱為**「動漫宅」**的人，與其說他們喜歡故事內容，不如說是喜歡故事中登場的角色，這又跟**「理想投射」**的心態有關。男性可以把自己的理想投射在動漫角色上，現實中的女性則沒辦法。另外，動畫在設計角色時，也有調查過觀眾的需求和喜好，所以**經常出現外貌和個性完全脫離現實的女性**。

另外，不習慣和女性相處的男性，會害怕自己被成熟的女性瞧不起。相對地，充滿動漫角色的戀愛模擬遊戲，可以選擇跟自己理想相近的角色，享受虛擬戀愛的樂趣，又不用擔心被角色批判。因此，有些男性會沉迷動漫角色，熱衷於虛擬戀愛。

喜歡特殊設定的戀物癖

有些喜歡動漫角色的男性，還有所謂的**「*戀物癖」**。他們喜歡動漫角色的身體部位（大眼睛、大胸部、纖細的腰身和雙腿等等）和服裝，

***戀物癖**　一種扭曲的性癖，被人體的某個部位或物品吸引，感受到性方面的魅力。有時候日文的「癖」這個字眼，也會直接用來形容某種性癖好。

對**動畫中才有的特殊設定，感受到強烈的性魅力**，以至於無法喜歡上現實生活中的女性，沉迷在動畫或公仔的世界中。

當中還有人會玩角色扮演（製作動漫角色的服裝，扮演動漫角色），這就是跟心目中的理想角色**「同化」**（➡P138），進而產生模仿角色的心態。

何謂動漫宅

所謂的「宅」也有很多類型。但眾所周知的宅界始祖，莫過於「動漫宅」了。連外國都把動漫宅視為一種文化。

喜歡動漫角色

喜歡登場角色更勝故事內容，主要是喜歡自己嚮往的身材和性格。

待在二次元世界比較安心平穩

跟現實生活中的人溝通會感到不安，但在二次元的世界就沒有這種顧慮。

喜歡蒐集相關物品

會盡可能蒐集喜歡的動漫商品，好比公仔、DVD、電玩等等。就算價格昂貴，只要是相關的東西都想要。

偶爾會玩角色扮演

有時候會裝扮成自己喜歡的角色。透過跟喜歡的角色同化，會誤以為自己獲得了「理想的自我形象」。

喜歡鍛鍊身體的男性

可能是對容貌過於執著的自戀型人格障礙

鍛鍊是獲得優越感的手段

鍛鍊身體是維持健康和減肥的好方法，而且在雕塑理想身材的過程中，還能鍛鍊出努力達成目標的精神力。鍛鍊出來的體魄給人一種陽剛、健美的印象，可以帶給當事人自信。而在男性賀爾蒙的影響下，男性競爭心較強，鍛鍊對他們來說是享受優越感的手段。

不過，瘋狂鍛鍊身體的男性，可能有***自戀型人格障礙**（**自戀狂**，▶P123）的問題，為人太**過自戀**（▶P90）。有類似心理問題的人，**無法喜歡上真正的自己，他們會誇示自我，覺得自己是特別的存在**。這種人愛慕虛榮，會刻意展現自己良好的一面，對別人的批判過於敏感，因此在人際關係上經常惹麻煩。

自戀是指喜歡自己的意思，每個人或多或少都有這種傾向，年幼時我們都有比較誇大的自我形象。可是，長大後還無法修正自我形象的人，不敢承認自己的缺點，會以自戀的方式維持自尊心。其中一種展現自尊的方式，就是對自己的容貌和身體有異常的執著。**藉由鍛鍊身體，保持良好的體態，來滿足自己想要與眾不同的自尊心**。

***自戀型人格障礙**　無法接受有缺陷的自己，認為自己非常優越，總是要求旁人給自己特別待遇，難以適應社會。

自戀型人格障礙確認表

喜歡自己、重視自己並不是件壞事。然而，過於自戀的人會影響到人際關係，下方列表符合五項以上的人要特別留意。

1 會誇大自己的業績和才能，明明沒有足夠的功績，卻希望別人承認自己很優秀。 ☐

2 執著於無止盡的成功、權力、才華、美貌，或是不切實際的理想愛情。 ☐

3 認為自己不同凡響，只有其他地位崇高、與眾不同的人才了解自己。而且，認為自己應該跟那些人（或團體）有所聯繫。 ☐

4 過度尋求旁人讚賞。 ☐

5 有莫名其妙的特權意識（享受特別有利的待遇），希望別人遵照自己的期望行動。 ☐

6 為達目的不惜利用他人。 ☐

7 不肯理會別人的心情或需求，或是乾脆視而不見。 ☐

8 經常忌妒他人，認為別人也忌妒自己。 ☐

9 行為態度傲慢又自大。 ☐

※改編自美國精神醫學會發表的《精神疾病診斷與統計手冊》（DSM-IV-TR）

喜歡看體育競技的男性

日常生活缺乏充實感，於是感情寄託在喜歡的運動隊伍上

把所屬的團體當成自己的一部分

很多男性喜歡觀賞棒球、足球等運動競技，而且總有一兩支特別喜歡的隊伍。有些瘋狂的球迷，還會把閒暇時間都用來替支持的隊伍加油。支持的隊伍獲勝，隔天心情就非常好；反之支持的隊伍輸球，就好像自己輸球一樣充滿屈辱感，甚至拿旁人出氣。運動只是廣大娛樂項目的其中一種，而且又不是自己下場比賽，為何男性如此狂熱呢？

這跟「***團體認同**」的心理有關係。團體認同和「**同化**」（**認同**）（▶▶P138）一樣，是一種追求心靈安定的防衛機制（適應機制）。當我們隸屬於某個團體（這裡指運動團體和其粉絲團），並對自己的歸屬感到自豪，就會對該團體產生親密和依賴之情。這種情緒太過強烈的話，當事人就算犧牲自我，也樂於對團體盡忠。**團體就等於自家人，或者是自己的一部分。**

每個人都體驗過團體認同

我們都有隸屬的團體，也會把團體當成自我認同的依據。因此在各種場合上，我們都會展現出團體認同。比方說，日本人獲得諾貝爾獎，同為日本人就會感到驕傲。當所屬團體中有人

＊**（團體）認同**　屬於一種防衛機制（▶▶P138），把別人身上獨有的特性，當成自己的一部分或刻意模仿，藉此壓抑自卑心，獲得滿足感。

獲得讚賞，團體成員就會對外人展現優越感，這也是一種團體認同的呈現方式。當然，不要給周圍添麻煩的話，自然是沒什麼關係。

反過來說，很多心理上的原因會造成團體認同過於狂熱，主要原因是**日常生活中得不到充實感**。在體育活動以外的場合，好比在職場或家庭中，要是能得到更多尊重和充實感，就不會過於沉迷狂熱了。

認同的案例

所謂的認同，就是把自己投射在重視的人物或團體上。什麼樣的情況下，會產生這種認同呢？

電視或漫畫上出現的英雄主角

看到強大的英雄維護正義，便產生嚮往之情，希望自己也成為英雄。

運動選手（隊伍）

對選手或隊伍的際遇感同身受，連喜怒哀樂也受到影響。

公司

覺得公司就代表自己，因此願意鞠躬盡瘁。萬一碰到倒閉或裁員，就會承受嚴重的打擊和絕望感。

畢業學校

覺得畢業學校代表自己，如果畢業學校很有名，或是有許多能人輩出，就會以為自己也變有名。

產生出偏袒或有意關照的情感

對自己喜歡的人物或團體，或是對自己隸屬的團體，產生依賴和執著的情感。對該人物或該團體的際遇感同身受。

13 愛乾淨的男性

不安或吹毛求疵的心態也會導致潔癖

男性和女性誰比較愛乾淨？

相信很多人都覺得，男性會把房子打掃乾淨，常保外觀整潔是一件有魅力的事。通常女性給人比較愛乾淨的印象，但有一份調查似乎推翻了這個說法。醫藥和保養品大廠獅王，曾對兩百五十名二十歲到三十九歲的單身男女，做過掃除的觀念調查。結果發現，有百分之六十六的男性很愛乾淨，女性只有百分之四十四。另外，有百分之五十三的男性經常打掃，女性卻只有百分之三十八。

潔癖嚴重影響到日常生活

不過，太過注重清潔會演變成潔癖（骯髒恐懼症），這屬於一種*強迫症。有潔癖的人太過害怕骯髒，因此會有下列的舉動。好比一直重複洗手，不敢抓電車或巴士的吊環等等，有些甚至會影響到日常生活。潔癖的原因不一而足，多半是當事人的父母苛求完美，從小管教孩子太過嚴厲，才會導致當事人缺乏自信，**覺得自己不夠好**，於是反覆確認同一件事。容易有潔癖的人，性格內向偏執，又有極強的上進心。這些性情一旦失衡，就會產生強迫症。

*＊**強迫症**　有分「強迫觀念」和「強迫行為」。前者是腦海中一直有特定的觀念，並且不斷重複相同的思緒；後者是持續做出相同的行為，來緩和強迫觀念造成的不安和恐懼。

潔癖的症狀

潔癖是一種強迫症，對不乾淨的東西異常恐懼，無法克制內心的不安，以至於做出不正常的舉動。到了這種地步，最好去精神科或身心內科接受治療。

多次洗手

反覆洗手還是覺得自己很髒，一直洗個不停。

無法使用公共廁所或澡堂

覺得公司或賣場的廁所很髒，不敢使用。對溫泉也敬謝不敏。

不敢抓大眾運輸工具的吊環

大眾運輸工具的吊環很多人碰過，所以不想抓。

不敢跟別人吃同一個火鍋

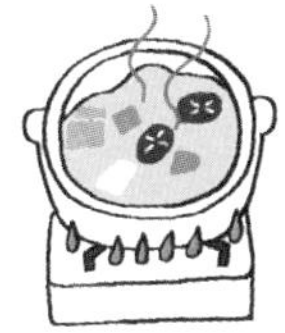

無法食用大家共享的美食，好比火鍋或燒肉。

不敢吃其他人捏的壽司或飯糰

無法食用被碰過的東西。

不敢碰圖書館的書或網咖的電腦

在公司也不想坐別人的椅子，或是用別人的筆。

打掃房間要用酒精消毒才行

除了用抹布或吸塵器以外，還得用酒精消毒才安心。

不敢跟戀人接吻

要做出親密的行為之前，會在意對方是否乾淨。

喜歡獨自旅行的男性

積極調劑身心，擅長轉換思維

外出旅行的動機

想要旅行主要是出於兩種心態，一種是追求新鮮和變化的「*新奇性需求」，另一種是想要到別處的「*逃避需求」。至於哪一種心態比較強烈，端看當事人在日常生活中感受到的刺激有多強。比方說，**平常生活太過無聊的人，會渴望「新奇性需求」**，想要到陌生的土地觀光遊歷，享受罕見的體驗。反之，**平常承受太多壓力或刺激的人，「逃避需求」會比較強烈**，所以傾向前往度假勝地，享受輕鬆悠閒的旅遊。

另外，旅行的動機還牽涉到**「拉力因素」**和**「推力因素」**。拉力因素是指誘因，也就是被美景或趣味活動吸引，進而產生動機。推力因素則是指動因，例如剛好有假可放，所以產生想要出遊的動機。

獨自旅行是顧慮到旁人的感受？

跟女性比起來，男性一個人出遊確實比較方便。多數男性具有優異的空間辨識能力，很擅長看地圖，也不太會迷路，因此獨自出遊也不會感到不安。基於這些特性，男性單獨出遊也不太有安全上的問題。

另外，喜歡獨自旅行的人，都是懂得積極攝

＊**新奇性需求和逃避需求**　新奇性需求較強的人喜歡觀光，不太會造訪相同的地點。逃避需求較強的人，喜歡去度假勝度或溫泉勝地，也比較容易成為老主顧。

取「心靈養分」的人。這種人很擅長調劑身心，舒緩工作上的壓力。大家都以為獨自旅行的人性格內向、討厭人群，其實他們只是對自己的疲勞很敏感，所以才會積極採取應對措施。由於這種行動力出於敏銳的反應（一時興起就想去旅行），旁人不見得能認同這樣的動機，因此當事人寧可獨自出遊，也不願勉強別人共行。

旅行的理由
～拉力因素和推力因素～

想要旅行可能出於各式各樣的動機，旅行的動機又有分「吸引動機」和「鼓舞動機」。

拉力因素

- 想看美麗的景色
- 想去知名的觀光勝地
- 想見識有趣的活動

↓

目的地的魅力為其動機

推力因素

- 得到績效獎金
- 有假可休
- 匯率有利出遊

↓

各種條件和狀況適合出遊

15 化妝的男性

化妝是賦予動機和自信的有效手段

男性化妝的用意是什麼？

近年來，一般男性也開始有化妝的習慣，化妝不再是藝人的專利。藥妝店除了販賣髮蠟或刮鬍膏，也有賣一些男性專用粉底等化妝用品，據說銷量還不錯。另外，男性時裝雜誌和一般雜誌上，都有介紹修眉毛的方法。跟以前比起來，能夠接受男性化妝的人也比較多了。

那麼，男性化妝的用意是為何？其一是發揮**「角色扮演」**的作用。每個人在職場、家中，或休閒娛樂的場合，會依照地點、對象、目的之不同，而扮演「嚮往的自我」或「應該展現的自我」。**良好的外觀印象，是提升評價的有效方法**。考慮自己想要塑造的形象，並且呈現那樣的自我，這種行為又叫**「自我呈現」**（▶▶P76）。根據美國心理學家瑞利的說法，自我呈現需要**動機***和**自信**這兩大要素。化妝就是促進這兩大要素的有效道具，光是整理眉毛的形狀和粗細，就可以塑造出精明幹練或溫柔的形象。

再者，化妝能帶給自己信心，也是很有用的交際手段。比方說演員化妝後，外觀和內心都會跟扮演的角色同化。同理，有些人在面試或簡報前化妝，看到自己在鏡中的改變，就會產生自信，表現出儀表堂堂的風範。

***動機**　多半是用來形容幹勁、企圖心、士氣。動機有分發自內心的內在動機，以及受到外部影響的外在動機。

現代社會男性外觀越來越重要？

其實不少動物反而是雄性比雌性漂亮，例如雄性孔雀為了吸引雌性，所以才長出漂亮又顯眼的羽毛。有些男性會買高級車或名錶來吸引異性，但現在大家看重的不只是男性的工作能力或經濟實力，未來外觀也會越來越重要。

化妝和自我呈現

對外呈現自己想要塑造的形象，這又稱為自我呈現。化妝和服裝是非常有效的手段。

用角色扮演來自我呈現

人類會配合不同場所或狀況，用角色扮演的方式，來呈現「自己想要塑造的形象」。

● 在公司或其他外部場合的自我形象

鬍子刮乾淨，眉毛修整好，給人一種乾淨整潔的感覺，這是對外活動最基本的服裝儀容要求。

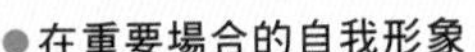

參加派對或重要商議的時候，服裝、髮型、臉部保養（準備臉部清潔面紙或護唇膏）都要注意。

↓

用化妝強化自我呈現

不需要角色扮演，
就會做回自己

卸下化妝，隱形眼鏡換成普通眼鏡。從社會規範中解放，恢復放鬆狀態。

簡訊上常用表情符號或表情貼圖

用迎合或從眾行為拉近彼此的關係

膽小的人常用表情符號!?

手機的簡訊功能，已然是一種普遍的溝通工具了。**表情符號和各種貼圖**，屬於簡訊溝通的感情呈現手法。很多女性喜歡搭配表情符號和貼圖，傳送熱鬧花俏的簡訊；相形之下，男性比較少人使用表情符號和貼圖。男性互傳簡訊，或是年紀大的男性更是如此。

不過，女性傳送的簡訊中若有夾帶表情符號或貼圖，不少男性也會用同樣的方法回傳。這主要是配合對方使用，這種心態跟「*迎合行為」或「*從眾行為」有關。**他們想要尋求對方的認同和好感，卻又對自己的價值觀和話題沒信心**，所以只好用表情符號或貼圖來尋求對方的認同。有些年長的職場上司或前輩，會故意在年輕人面前使用年輕人的流行語，也是出於同樣的心態，這類人通常性情比較膽小。

他們擔心完全不用表情符號或貼圖，會被當成無趣的人，因此才使用這些玩意。女性也有迎合行為或從眾行為，但男性主要是對異性，或是不同世代的同性有類似的心理作用。

要留意常用表情符號的男性

相對地，有些男性本身就喜歡用表情符號或

＊**迎合行為**　博得對方好感的言行舉止，例如在遇到困難時，説幾句客套話或逢迎諂媚，就是一種迎合行為。

貼圖。這些男性多半很細心，而且有**極力討好所有人的心態**，顯然想要吸引旁人的注意。而且，這種人也習慣跟愛用表情符號的女性交流，可能是性好漁色的類型。

各種場合的從眾行為

當一個人在團體中，會採取跟旁人一樣的思維或行動，來獲得安心的感覺。

在會談場合中迎合別人的意見

在會議上看到多數人都有同樣的意見，於是對自己的意見沒信心，乾脆配合其他人的意見。

看到大排長龍的景象就跟著排

明明沒什麼興趣，還要裝作自己很了解其他人的價值觀，所以跟著大家排隊。

聽到「人氣商品」就想要

聽到「今年流行」等宣傳字眼，就以為那樣東西一定很紅，主要是害怕自己落伍。

想看看人潮聚集的地方

心生好奇而去參加群體，群體的人數越多，越會吸引更多人潮。

＊**從眾行為**　想要跟旁人（團體）採取相同行動的心態，好比聽到「現正流行」等字眼，就覺得那一定是好東西，並且產生高昂的興致。

獨居男子養寵物

養寵物的男性需要療癒，有較強的支配欲望

養寵物的療癒效果

近年來，允許房客養寵物的公寓也越來越多了，不少獨居男性都有飼養寵物。內閣府曾經做過「動物愛護世論調查」，探究飼養動物的好處。**有百分之六十一．四的人認為，飼養寵物可以替生活增加情趣和安寧**。其次，有百分之五十五．三的人認為，飼養寵物家裡會變得比較熱鬧。百分之四十七．二的人認為，飼養寵物會讓孩子的心靈更豐富。百分之三十一．六的認為，飼養寵物本身就很有趣。換句話說，飼養寵物對獨居男性也是種療癒行為。

醫學研究也證實，飼養寵物的人情緒較為安定。光是撫摸寵物就有穩定血壓的作用，而且還有心理上的療癒效果。在舒緩病患壓力或治療憂鬱症患者時，也有使用*寵物療法。**和動物接觸，能夠滿足當事人被愛、被需要的願望**。美國心理學家法蘭西斯，曾經帶小狗去安養院，想調查老人家看到小狗的反應。結果證實，多數老人的心理狀態都獲得了改善。

寵物的療癒效果經過科學的證實，飼養寵物的人也越來越多，想必跟這種療癒效果也大有關係。這也代表現代有很多男性**精神疲憊、深感孤獨**。

*＊**寵物療法**　又稱動物輔助療法，藉由和動物接觸交流，提升精神和生理狀態的療法。跟動物一同居住也屬此類。*

支配欲和保護欲

人類都有想要控制他人的**「支配欲望」**（▶P80），以及守護他人的**「保護欲望」**。尤其男性的這兩種欲望，又比女性更為強烈，飼養寵物能滿足這兩點。教育寵物，餵養寵物，陪寵物玩耍，滿足寵物的需求，這些行為對飼養寵物的男性來說，不但可以滿足前面提到的兩大欲望，也能帶給自己滿足感。

寵物的療癒效果

寵物不只可愛，還有神奇的療癒效果。

緩和孤獨感

一個人獨居會感到特別孤獨。跟寵物說說話，摸摸寵物，有緩和孤獨感的作用。

確認自己的必要性

在餵養寵物或照顧生病的寵物時，認清自己是寵物不可或缺的存在。

透過接觸來獲得安心感

人與人能透過擁抱或撫摸，來獲得安心感。和寵物接觸也有同樣的效果，有助於心情放鬆沉靜。

確保個人時間

積極確保照顧寵物的個人時間，有減輕壓力的效果。

18

享受家庭菜園的男性

發揮五感機能，消除壓力造成的腦部疲勞

家庭菜園有助於紓壓

在自家種菜除了有經濟上的好處，收成自己栽種的蔬菜也非常有成就感。

特別熱衷家庭菜園的人，平時從事的工作多半是勞心的類型。因為，**「家庭菜園」有舒緩壓力和沉靜心情的效果**。當一個人工作繁忙，煩心事太多的時候，壓力就會越來越大，腦部經常處於緊張狀態。要徹底發揮腦部機能，就必須獲得足夠的氧氣和營養，因此血液會集中到腦部。當血液持續集中到腦部的部分活動領域（思考迴路），腦部的血液循環會失衡，容易產生疲勞和倦怠感。使用*五感有助於大腦恢復常態，善用「視覺、聽覺、觸覺、嗅覺、味覺」，重新調整腦部平衡，可以讓腦部放鬆。

家庭菜園很適合用來刺激五感。接觸泥土，聞一聞花朵或蔬菜的氣味，採收後享用蔬菜的味道，這些鮮活的感覺有助於大腦放鬆。其中，聞花朵和泥土味刺激嗅覺，會直接影響到腦部運作，充滿壓力的腦部會漸漸放鬆下來。

沉迷種菜的原因

男性對「創造」很感興趣，這樣的特質也會發揮在「種菜」上。比方說，就算只在自家陽

＊**五感**　最具代表性的五種感覺機能，分別是「視覺、聽覺、觸覺、嗅覺、味覺」。感覺器官獲得的訊息，會由腦部的不同部位處理，刺激五感對活化腦部有幫助。

台種蔬菜，男性也會挑一些難度比較高的種類，專心種出品質良好的蔬菜。尤其我們平常食用的蔬菜，多半是專業農夫種植的，如果自己也能種出同樣品質的蔬菜，可以享受到極大的優越感。這也是男性熱衷種菜的原因之一。

家庭菜園有舒緩腦部的作用

很多人平時忙於工作和人際關係，大腦要應付各式各樣的壓力。玩土種菜可以讓疲憊的腦部放輕鬆。

善用五感

刺激五感會對腦部造成直接的影響，活化腦部的運作。以均衡的方式善用五感，對緩和腦部壓力也有幫助。

視覺

觀賞自己栽種的花朵或果實。

嗅覺

聞花朵或泥土的味道。

聽覺

會開始聆聽蟲子的聲音，感受季節的變化。

家庭菜園會**刺激五感**

觸覺

整土栽種新的作物。

味覺

品嚐收成的作物。

喜歡的色彩會呈現性格和情緒

心情好壞會影響色彩選擇

色彩和人類心理大有關聯

請各位打開衣櫃，看看衣服的花色和圖樣有沒有特定的傾向。除此之外，各位在更換窗簾或地毯後，應該也有煥然一新的感覺吧。從*色彩心理學**的角度來看，這代表**色彩和人類的心理有很深的關聯**。

德國文豪歌德是最先關注色彩心理學的人。他在晚年開始研究，色彩究竟會對人心造成何種影響。後來，世界各國的學者也投入色彩心理學的研究，瑞士心理學家呂舍爾表示，人類會依照當下的心情，直覺性地選擇穿衣的顏色搭配。心情好時就選明亮的顏色，心情不好時則選陰暗的顏色。

不喜歡淡色系的男性

根據色彩心理學的理論，女性喜歡紫色或紅色系的顏色，**男性則喜歡藍色系的顏色**。藍色象徵沉靜的大海，但凡寧靜、知性、冷靜、充滿責任感的人，都喜歡這樣的顏色。明亮的藍色會給人一種爽朗的印象，深藍色則有冷靜沉著的印象。另外，女性選擇顏色會挑一些顏色比較淡的中間色，男性則喜歡**鮮明的色彩或陰暗的色彩**。

＊**色彩心理學**　從心理學的角度，闡釋色彩和人心的關聯。根據當事人對顏色的喜好，分析其潛藏的心理層面，例如性格和傾向等等，使用得當可以讓心靈恢復元氣。

從顏色分析性格和心態

瑞士心理學家呂舍爾表示，一個人對顏色的喜好，隱含著心理學上的涵義。個人喜好和當天的心情，都會影響到我們挑選顏色。

BLUE

藍色的關鍵字是知性、冷靜、責任感。為人性格安定，能建立起互信的人際關係。

GREEN

綠色的關鍵字是牢靠、優越、恆定。為人剛毅堅實，懂得冷靜表達自我主張。

PURPLE

紫色的關鍵字是高貴、情欲、神秘性。為人有典雅和性感的一面，屬於纖細的浪漫主義者。

PINK

粉色的關鍵字是浪漫、豐富的愛情、可愛。為人有天真無邪的一面。

YELLOW

黃色的關鍵字是開朗、幸福、幽默。為人開朗外向，充滿野心，想要追求遠大的夢想。

BLACK

黑色的關鍵字是拒絕、放棄、死心。有意圖改變現狀的糾結情緒，為人缺乏毅力。

GRAY

灰色的關鍵字是置身事外。為人有優柔寡斷的一面，自我中心，會依賴他人。

BROWN

茶色的關鍵字是家庭、伙伴、溫暖。為人有安定性和協調性，願意主動合作。

RED

紅色的關鍵字是熱情、憤怒、強悍的生命力。為人充滿強烈的欲望和征服欲，行動十分積極，具有攻擊性。

COLUMN 6

從心理學角度解讀男性喜好！

有的男性喜歡角色扮演，也有男性喜歡男扮女裝……。女性朋友可能會覺得難以理解，其實這些喜好和行為，都隱藏某種心態。

角色扮演

愛上制服的理由

很多男性都喜歡穿制服的女性，好比空姐、護理師、女僕。為何男性喜歡制服呢？

制服給人一種「非日常的一致性」，可以體驗到日常生活中缺乏的刺激。男性的腦部總是需要更多亢奮性的神經傳導物質（▸▸P212），因此會貪求生活中缺乏的刺激。尤其不同職業的制服，會帶給男性「非日常」的感受，以及莫大的刺激。

口香糖

動不動就嚼口香糖的理由

男性通常比女性更愛嚼口香糖。嚼口香糖有助於活化腦細胞，也有緩和緊張和調劑身心的效果。

另外，口中放入東西咀嚼的行為，主要跟佛洛伊德提倡的口腔期（▸▸P129）學說有關，也就是口腔期的欲望一直到長大成人都還存在。不管出於何種理由，都表示當事人可能心懷不安或不滿。

抽菸

多次禁菸失敗的理由

現在社會上吹起了禁菸的風潮，戒菸的人也越來越多。不過，有許多人整天說要戒菸，卻始終戒不掉抽菸的習慣。

想戒菸卻戒不掉的糾葛，主要來自於過去戒菸失敗的經驗。當事人覺得自己一定戒不掉，所以乾脆放棄努力。這種心態稱為「學習性無助感」，亦即失敗的經驗太過強烈，再也不願意採取自發性的行動。

易裝癖

男扮女裝的理由

一般人談到「男扮女裝」的行為，就會想到性別認同障礙（生理性別和自我的性別認知不一致）或同性戀。可是，普通男性也可能有類似的癖好，不見得跟前面兩者有關。

男性會裝扮成女性，多半是對自己的「男子氣概」沒自信，這種人只要打扮成女性就會感到安心。這個社會要求男性具備「陽剛」的氣質，有些人對這種壓力感到緊張不安，於是就想打扮成女性，重新找回心靈上的平穩。

心靈生病時要接受心理治療

在漫長的人生旅途中，難免會有各式各樣的狀況，有時候我們的心靈會生病。心理疾病也許是壓力或其他因素造成，任何人都有可能遇上類似的問題。尤其男性不擅長自我揭露，有容易累積壓力的傾向。心靈生病的時候，關鍵是盡快接受心理治療。

何謂心理治療？

透過對話、訓練、服藥，來治療心理障礙或心因性的疾病。心理治療有許多療法，會配合患者的狀況實施。

心理治療的種類

理性情緒治療

心理諮詢師和患者一對一面談的方法，通常心靈有問題的人，都具有某些偏執的既定觀念或成見，讓患者了解那種觀念的謬誤，可以重拾心靈上的安穩。

音樂治療

用藝術性的方法治癒心靈，這是一種聆聽或演奏音樂的療法，會配合患者當下的心情選擇樂曲，或是刻意選擇和患者心情不同的樂曲。音樂的刺激會讓腦部放鬆，有助於患者恢復心靈上的安定，產生積極正面的情緒。

催眠治療

喚醒潛意識的方法，利用催眠引導出潛意識中的感情，探究煩惱和症狀的原因。左腦掌管有意識的思考，右腦則剛好相反；催眠會刺激右腦運作，可以了解患者的深層心理，據說對克服自卑感很有效。

內觀治療

日本開發出的治療方法，反覆思考三大要項，第一是旁人給了我們什麼？第二是我們付出了什麼？第三是我們給別人添了什麼麻煩？這麼做可以理解自己和旁人的關係。據說對憂鬱症和家庭問題很有效。

十四劃

十五劃

十六劃

十七劃

十八劃

十九劃

二十三劃

二十五劃

十一劃

十二劃

十三劃

八劃

九劃

十劃

六劃

七劃

INDEX
索引

圖解男性心理學（二版）

男人其實跟女人想的不一樣，心理學家教你從行為、習慣與性格讀懂男性的真實想法！

面白いほどよくわかる！「男」がわかる心理学

作　　者　齊藤 勇（監修）
譯　　者　葉廷昭
插　　畫　たむらかずみ、桜井葉子
原書設計　スタジオダンク（八木孝枝）
原書封設計　佐々木容子
原版編輯　アーク・コミュニケーションズ（笹岡麻衣子）
特約編輯　李韻柔
封面設計　郭彥宏
內頁排版　簡至成
行銷統籌　駱漢琦
行銷企劃　蕭浩仰、江紫涓
業務發行　邱紹溢
營運顧問　郭其彬
責任編輯　賴靜儀
總 編 輯　李亞南
出　　版　漫遊者文化事業股份有限公司
地　　址　台北市松山區復興北路331號4樓
電　　話　(02) 2715-2022
傳　　真　(02) 2715-2021
服務信箱　service@azothbooks.com
臉　　書　www.facebook.com/azothbooks.read
營運統籌　大雁文化事業股份有限公司
地　　址　台北市松山區復興北路333號11樓之4
劃撥帳號　50022001
戶　　名　漫遊者文化事業股份有限公司

二 版 1 刷　2023年9月
定　　價　台幣450元
ISBN　978-986-489-840-4

國家圖書館出版品預行編目 (CIP) 資料

圖解男性心理學 : 男人其實跟女人想的不一樣, 心理學家教你從行為、習慣與性格讀懂男性的真實想法! / 齊藤勇監修 ; 葉廷昭譯. -- 二版. -- 臺北市 : 漫遊者文化事業股份有限公司, 2023.09
256 面 ; 14.8×21 公分
譯自 : 面白いほどよくわかる!「男」がわかる心理学
ISBN 978-986-489-840-4(平裝)
1.CST: 成人心理學 2.CST: 男性 3.CST: 兩性關係
173.32　　112012341

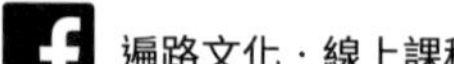